雑草と楽しむ庭づくり

オーガニック・ガーデン・ハンドブック

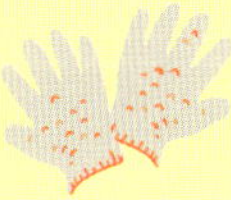
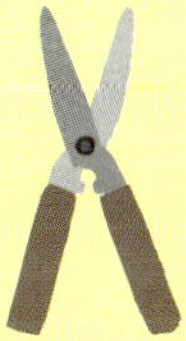

ひきちガーデンサービス
曳地トシ+曳地義治

築地書館

はじめに

「雑草」は、大事な花壇や菜園にはびこるワルモノ！という目で見られることが多い。道端で見かける分にはいいけど、自分の庭となるとちょっとね……という人もいるだろう。

私たちも今まで、せっかくの庭が持ち主の精神的な負担になっているケースを数多く見てきた。その大きな原因のひとつが雑草だった。

この雑草はこのまま生やしておいても大丈夫なのか？

根こそぎ抜かないといけないのか？

除草に適した時期は？

花壇や畑で、土のなかの栄養を横取りしているのではないか？

除草剤に頼らないで雑草を抑えるにはどうしたらいいのだろうか？

そもそも、いったい生える意味があるのだろうか？

オーガニックな庭づくりを考えるとき、そのようなことがわかれば、もっと安心して雑草とつきあえるようになるのではないだろうか。

よく、「雑草なんていう名前の草はない」と言う人がいる。「雑」という字には、「大雑把な」とか「取るに足らないそこらにあるもの」というような意味合いが強いからだろう。

だが、「雑木林」の「雑」は、「多様な」というニュアンスも強い。だとしたら、雑木林とは「いろいろな木で成り立っている林」というような意味合いもあるのではなかろうか。

そこで、庭や空き地、畑などに自然に生えてくる植物を、私たちはあえて積極的に「雑草」と呼んでいる。

これまで雑草の本と言えば、自然観察用の図鑑や、作物の生長を阻む防除の対象として書かれたものがほとんどだった。まれに人びとが雑草に理解を示すことがあっても、「薬用や食用として人間の役に立つから」という場合が多い。

だが、直接人間の役に立たないものであっても、私たちはやっぱり雑草に生えてきてほしいと思う。なぜなら、「役に立つ」という視点より、もっと大きな目で見れば、生態系を豊かにしてくれている大切な仲間だと思えるからだ。

雑草はほかの生きものや土とも密接な関係をもちながら生きている。

土の表面を覆って紫外線から土壌微生物を守り、冬になって枯れると大地の栄養となる。小さな生きものたちに隠れ家や食物を与え、生態系の多様さをつくり出すのにも一役買っている。さらに、どんなに小さくてもその緑の葉が、光合成によって酸素をつくり出してくれている。

仕事をしているときに、雑草があると木が喜んでいるように見えることがある。ほんとうに木が喜んでいるかどうかはわからないが、雑草と木の間にも何かしらかかわりがあるのではないだろうか。

そんな「多様な草」である雑草と向き合い、雑草を理解し、庭という生活の場と、土や生きものたちとの有機的なつながりのなかで、雑草をとらえなおしてみたいという思いから本書を書いた。無農薬の植木屋として、庭で日々雑草とつきあってきた私たちの思いである。

本書は、雑草編、実践編、基礎知識編の三部構成になっている。

雑草編ではそれぞれの雑草の特性やつきあい方、実践編では私たちが庭仕事で培ってきた草取りの方法や便利な道具の紹介、基礎知識編では雑草全般についての根本的な考え方と生態系との関係について書いた。基礎知識編を読んでいただけると、雑草編や実践編への理解が深まると思う。

昔の人たちは、雑草との上手なつきあい方を知っていた。地方にはその地方特有の雑草の呼び名がたくさんある。それだけ生活に密着していたということだろう。

現代に生きる私たちも、雑草本来の姿や特性、生えていてもよい場所などを知り、除草のやり方や庭での生かし方を工夫すれば、上手に雑草と共存していけるのではないだろうか。

本書が、庭の雑草対策で疲れはてている人の一助になれば幸いだ。

もくじ

丸っ葉(めだつ葉) 53

つるもの(つる性植物) 81

そのほかの雑草 96

実践編　庭で雑草とつきあう方法

基礎知識編　より深く雑草を知るために

コラム

色や形から雑草の名前を探そう

ブタナ→ p.79

セイヨウタンポポ → p.65

オニタビラコ→ p.58

カタバミ→ p.18

オオキンケイギク → p.54

オシロイバナ→ p.104

センダングサ→ p.113

セイタカアワダチソウ → p.110

ハハコグサ→ p.74

ノボロギク→ p.73

ヒルザキツキミソウ → p.121

アカバナユウゲショウ → p.99

カラスウリ→ p.83

ベニバナボロギク → p.80

ナガミヒナゲシ → p.69

キツネノマゴ→ p.107

カラスノエンドウ → p.85

スミレの仲間→ p.63

カキドオシ→ p.17

ヒルガオ→ p.88

ネジバナ→ p.71

イヌタデ→ p.42

ミゾソバ→ p.127

ヒメツルソバ→ p.33

ノアザミ→ p.72

ハルジオン、ヒメジョオン→ p.76

ムシトリナデシコ → p.130

ヒメオドリコソウ → p.119

ムラサキケマン → p.131

ホトケノザ→ p.124

ヘクソカズラ→ p.89

ツユクサ→ p.31

オオイヌノフグリ → p.102

セリバヒエンソウ → p.112

キュウリグサ→ p.62

ナズナ→ p.70

ハキダメギク→ p.117

ハコベの仲間→ p.118

オランダミミナグサ
→ p.105

ドクダミ→ p.115

カヤツリグサ→ p.44

エノコログサ→ p.43

タネツケバナ→ p.68

イヌホオズキ→ p.100

シロツメクサ→ p.26

イノコヅチ→ p.101

スズメノカタビラ
→ p.47

チカラシバ→ p.50

スズメノテッポウ
→ p.49

ススキ→ p.46

ウラジロチチコグサ
→ p.74

ヨウシュヤマゴボウ
→ p.132

ヤマノイモ→ p.95

ヘビイチゴ→ p.34

メヒシバ、オヒシバ
→ p.51

チドメグサ→ p.30

スベリヒユ→ p.28

ジシバリ→ p.24

コニシキソウ→ p.22

ネコハギ→ p.32

ヒメムカシヨモギ
→ p.120

ギシギシ→ p.60

スギナ→ p.108

シダの仲間→ p.25

チヂミザサ→ p.29

ヤブガラシ→ p.93

ヨモギ→ p.134

タケニグサ→ p.114

アカザ、シロザ
→ p.97

オオバコ→ p.56

オーガニック・ガーデンとは?

最近は、小さい子どもがいたり、ペットを飼っているので、庭で農薬は使いたくないという、かなり具体的な理由から、オーガニック・ガーデンに関心をもつ人が増えている。自分や家族の健康や環境のことを考えると、農薬は使いたくないという人が多いのだ。

オーガニック・ガーデンというと、その言葉から殺虫剤や除草剤、化学肥料を使わないというイメージをもつ人は多いと思う。私たちも最初のころはそう思っていた。それどころか、農薬を使わずに虫が1匹もいない状態にしようと真剣に考えていた時期もあった。そこで、工夫して自然素材で自然農薬をつくり、散布したりもした。

ところが、いろんな虫を見たり調べたりするうちに、自然農薬であっても、天敵となる虫たちをも遠ざけてしまうということに気づき、今ではよほどのことがないかぎり使わない。自然農薬をまくこと以上に大切なのは、生きもののバランスが取れているということだ。

つまり、多少は虫に食われてもいいという前提に立たないと、オーガニックな管理はできないことがだんだんわかってきた。

たとえば、毎年自分の庭にテントウムシにきてほしいと思ったら、その餌であるアブラムシが毎年発生してくれないといけない。アブラムシがいてくれることによって、テントウムシがきて、ほかのいろんな生きものたちもくるようになる。すると、ある特定の虫が大量発生して困るというような状況にはならない。

オーガニックとは何かと考えると、「余計なことをしない。余計なものを持ちこまない」ということにつきるのではないだろうか。自然のなかでは、本来そこにあるもので全部循環できる。にもかかわらず、農薬や化学肥料、外来種などという余計なものを持ちこむために、さまざまな問題が起きる。私たちが考えるオーガニック・ガーデンとは、多様な生きものたちが生き生きとしたつながりをもつ庭のことだ。ではそのような庭にするには、どうしたらいいのだろうか。

そのためには、無農薬や無化学肥料であることはもちろんだが、それだけにとどまらず、虫や鳥や木や花や雑草などのことをよく観察し、いろいろな生きものたちの複合的なつながりのなかに、庭の楽しみを見出すことではないかと思う。そこには、新しい発見と自然界の不思議や、わくわく感がいっぱいつまっている。そのなかのひとつに雑草がある。そこに土があれば、まず最初に生えてくるものが雑草である。

生態系ピラミッドでは、植物は唯一の生産者である。生産者とは、無機物から有機物をつくることができる存在だ。地上のすべての動物たちは植物に支えられて生きている。植物を食べる動物は直接的に栄養を取りこむし、直接食べることができない動物は、草食動物を食べて間接的に植物から栄養を得ている。こうやって、植物がつくった栄養分が、生物の間をぐるぐるとめぐっていく。

さらに、植物は二酸化炭素を取りこみ、光合成によって酸素をつくり出している。そういう役割は、樹木やきれいな花を咲かせる園芸種だけが担っているのではなく、雑草たちも行なっているのだ。

そうはいっても、雑草を抜かずにぼうぼうのままにしておいては、街や庭の景観は荒れはててすさんでしまうだろう。里山だって人の手が入らないと、その姿を維持することはできない。まして、人工的につくった庭を、人の手を入れないで維持することは難しい。大切なのは、つきあい方と生態系のバランスなのだ。

土は生命を宿すもの、植物は生命を支えるもの、虫たちはその環境を表現してくれるもの――私たちの足元に、こんなにいろいろな自然の営みが息づいているなんて、考えただけでもエキサイティングだ。

オーガニック・ガーデンは、そういうことを知るきっかけになる場所だと思う。

生態系ピラミッド
多様な生物が有機的につながることで生態系のバランスは保たれる。生態系ピラミッドのなかで、雑草をふくめた植物は、酸素をつくり、いろいろな生物たちの餌や棲み処となる

【この本の使い方】

- みなさんの庭ではなじみの雑草でも、地域的、環境的な違いで、私たちには見られなかった雑草もあります。この本に載っていないものがあったとしても、基本的な考え方は理解していただけるかと思います。
- 雑草編では、庭でよく見る雑草86種を取り上げました。
- 実践編では、庭で雑草とつきあう方法を解説しました。
- 基礎知識編では、より深く雑草を知るために、雑草の生態、土との関係、農薬との関係などを解説しています。
- 雑草編では、「地を這うタイプ」「細っ葉」「丸っ葉」「つるもの」「そのほか」の５タイプに雑草をわけて、それぞれのタイプのなかで五十音順に掲載しています。
- 雑草は同じ種類でも個体差が大きく、草丈、葉の形や葉の周辺の鋸歯など、環境や条件によってかなり違ってきます。根の写真なども、生えている場所によって根の張り方は異なります。この本に出ている雑草の写真は、あくまでも私たちが庭で出会った雑草として、参考にしていただけると幸いです。
- それぞれの雑草の説明の最初に、花期、草丈などのデータを掲載していますが、これらはあくまで目安です。
- 園芸種であっても、雑草化しているものもあり、それらも「庭で困る草」という意味では雑草に準ずるものとして、取り上げています。
- 外来種ではあるが、麦の伝来とともに入ってきたようなものは、「在来種」として扱っています。
- 同じ雑草でも、資料によって、「多年草」となっていたり、「二年草」となっていたり、「越年草（越年一年草）」となっているものもあります。その地域の気候によって、生活史が変わるということがあるのかもしれません。
- 対処法も載せていますが、雑草を敵視して根絶させるという意味ではなく、庭で上手にバランスを取って共生していくための対処法です。
- 「引き抜きにくい」「引き抜きやすい」は、あくまでも目安です。土の状況などによって、引き抜きやすさも違ってきます。

雑草編

庭でよく見る雑草86種

オーガニック・ガーデンの雑草の分け方

雑草は、個体によって葉の大きさや形状、草丈がかなり違い、まったく同じ種類でも変化に富むものが多い。

たとえば、カラスウリ。これは葉にウェーブがないもの、ウェーブがあるもの、大きい葉、小さい葉など、さまざまで、時としてカラスウリなのかどうか、頭を悩ませたこともある。ヨモギのように、1本の草のなかでもさまざまな形状の葉をもつものもある。

このことは、いろいろな雑草について言える。

また、外来種が在来種と交雑して中間種となり、微妙に形を変えるものもある。

オオバコなどは踏まれることに強いと言われるが、踏まれるところでは葉が小さく丈が低く、踏まれないところでは葉は大きくなる。それだけ、いろいろな環境に適合できるということなのだろう。

雑草の分け方には、いろいろある。学術的な分け方もあるのだが（158ページ参照）、日常的に庭で雑草とつきあうのなら、もっと簡単な分け方でもいいのではないだろうか？

私たちには、日ごろ芝庭を管理するさいの目安としている、私たちなりの雑草の分け方がある。本書は、この分類で記している。

芝庭でなくても、庭を管理するうえで、この分け方は便利だと思う。

1　地を這うタイプ
2　細《ほそ》っ葉《ば》
3　丸《まる》っ葉《ば》（めだつ葉）
4　つるもの（つる性植物）
5　そのほかの雑草

また、以下のように、生えてくる環境によってわけるという考え方もある。

本書ではこの分け方は使っていないが、これらを知っていれば、自分の庭が、どういう土質や環境であるかの目安になるのではないだろうか。なお、生えてくる環境と雑草の関係については、160ページでくわしく解説している。

有機農業や自然農をしている人たちに聞くと、イネ科の小さな雑草と丸っ葉のナズナや、ホトケノザ、オオイヌノフグリ、ヒメオドリコソウなどの小さめの葉の雑草（本書では「そのほかの雑草」に分類されるもの）が適度にまざり合って生えているような畑が、いちばんバランスの取れた畑だという。

ほかにも、食べられる雑草と食べてはいけない雑草という分け方もある。食べられる雑草は、たいがいおひたしかてんぷらで食べる。生のままではアクが強すぎる場合が多い。

●日当たりのよいところに生えるもの
オオイヌノフグリ、ナズナ、ヒメオドリコソウ、ホトケノザなど

●湿ったところに生えるもの
カラムシ、ドクダミ、ミゾソバなど

●酸性土壌を好むもの
オオバコ、シロツメクサ、スギナ、スミレ、ヨモギなど

●アルカリ性土壌を好むもの
セイタカアワダチソウ、ハコベなど

●肥沃な土地を好むもの
ウラジロチチコグサ、オオイヌノフグリ、ナズナ、ハキダメギク、ホトケノザなど

●踏まれるところに生えるもの
オオバコ、スズメノカタビラなど

●踏まれるのが嫌いなもの
ドクダミなど

●どんな条件でも生えるもの
スミレなど

●除草剤に耐性をもっているもの
ハルジオン、ヒメジョオン、ヒメムカシヨモギなど

●食べられる雑草
アカザ、カキドオシ、カラスノエンドウ、クズ、シロツメクサ、セイヨウタンポポ、ツユクサ、ドクダミ、ヒメジョオン、ユキノシタなど

●食べてはいけない雑草
タケニグサ、ホトケノザ、ムラサキケマン、ヨウシュヤマゴボウなど

地を這うタイプ

あまり背が高くならず、地表付近で生活しているものを、私たちは「地を這うタイプ」と呼んでいる。

コケやシダのように、花を咲かせないで、胞子によって増えていくものもあれば、のばした茎を地面につけて、そこから増えていくランナータイプのものもある。かわいい花をつけるものも多い。

これらは、うまくつきあえば、グラウンドカバーとして活用でき、背が高くなるタイプや葉の大きくなるタイプのめだつ雑草を抑制してくれる。

このほかに地衣類があるが、これは植物ではなく菌類なので、コケとは生物学上はまったく違う生きものである。しかも、『地衣類のふしぎ』（柏谷博之著）によると、地衣類全体の約70パーセントが、「△×ゴケ」「×□ゴケ」などのように名前にコケがつくので、まぎらわしいという。

木の幹に張りついているものや、石などについているものは、コケである場合も、地衣類である場合もあり、見分けることは難しい。

カキドオシ（垣通し）

シソ科カキドオシ属

多年草
花期４～５月
草丈５～25センチ
日なたから半日陰までの水はけのよいところ
在来種

最近、カキドオシが減っているように思う。子どものころはどこにでもあったのだが。

垣根を越えてどんどん勢力をのばすからカキドオシという名前だと聞いたことがある。それほど繁殖力のあるものでも、ある日気がついたら激減していた……などということが、絶滅危惧種や準絶滅危惧種に指定されなくても、身近な自然のなかでは、結構ある。市井の自然好きどうしが立ち話程度に話すことなので、ほんとうに減っているのかどうかデータがあるわけではないが、市民の生活感覚からの観察眼は案外鋭いように思う。

丸い葉がかわいいカキドオシはグラウンドカバーにうってつけ。斑入りの園芸種もある

お地蔵さんの丸いよだれかけのような形の葉がかわいくて、斑入りの園芸種を買ったことがあるが、まったく根づかずに絶えてしまった。人間が育ってほしいと思うところと、雑草の育ちたい場所は必ずしも一致しない、ということだろう。カキドオシ、ムラサキサギゴケ、トキワハゼ、タツナミソウ、キランソウは、花がよく似ている。これらは、ほかの雑草の繁殖を抑えてくれるグラウンドカバー的な雑草だ。

斑入りの園芸種グレコマ

カキドオシの花

キランソウ

トキワハゼの花

タツナミソウの仲間

タツナミソウの花

カタバミ（片喰、酢漿草）

カタバミ科カタバミ属

多年草
花期5～10月
草丈10～30センチ
やや乾燥した日当たりのよいところ
在来種

南米原産で江戸時代に観賞用として日本にやってきたという説もあるが、平安時代には家紋として使われていたという説もあるから、定かでない。

日当たりのよい、やや乾燥した硬めの地面が好きで、よく歩くようなところでも生えてくる。

よく庭で見かけるのは、在来種のアカカタバミ。ミニサイズの黄色の花に、葉は赤っぽい茶色でなんとも個性的。春から秋まで次々と花を咲かせる。

透明の袋（外皮）に包まれたタネは、袋が破れて裏返しになる反動を利用し、実の裂け目から弾け飛ぶ。

葉はハート形の三つ葉だが、最初に出てくるのは、ほかの植物と同じ双葉だ。株が少し縮んで冬越しし、春にはまた大きくなって花を咲かせる。

カタバミは、ヤマトシジミ（チョウ）の幼虫の食草で、成虫は葉の裏に小さな卵を産みつける。

花言葉がすばらしく、「輝く心」。

ピンクの花が咲く園芸用の種類は、ムラサキカタバミで、「オキザリス・ローズ」というすてきな名前もついている。どんどん増えていくので、嫌う人も多いが、庭のなかで違和感がなければ、ほとんど手をかけなくてもよいし、次々と花は咲かすし、なかなかよい、などと思っていたら、「要注意外来生物リスト」（54ページ参照）にしっかりと入っていた。あまり増やしすぎず、敷地内から出ていかないようにしたい。

今後、「特定外来生物」に指定された場合は、庭で知らない間に増えた場合でも、罰金や禁固刑になるので、注意してほしい。

《対処法》

硬い土地に生えるので、抜こうと思っても地際で切れてしまい、根こそぎ取るのは、土を軟らかくほぐさないと難しい。

在来種のアカカタバミは赤っぽい茶色の葉が特徴。日当たりのよいところに生えていて、あまり大きくならない

カタバミは日当たりのよいやや乾燥した硬めの地面によく生える

花の中央の色が濃いものが園芸種のイモカタバミ

カタバミの根はしっかりと張っているうえに、茎も縦横に長くのびていくので抜きにくい

園芸種のムラサキカタバミは花の中央が薄く、イモカタバミよりも楚々とした感じ

シロバナイモカタバミは花が清楚で美しく、めずらしい園芸種

チャバネアオカメムシとアリ。カタバミは地面を這うように生えるので、いろいろな虫たちが寄ってくる

チョウの仲間のヤマトシジミ。幼虫はカタバミを食草とする

コケの仲間

コケは地上にもっとも早く出現した植物のひとつである。つまり、緑の地球の第一歩を築いたトップランナー。

コケには、雌の株と雄の株、そして雌雄同株がある。

コケは胞子で増えるが、ヤマイモのムカゴのような無性《むせい》芽《が》や、ちぎれた葉の再生によるクローンでも増える。

一般的には湿った環境を好むが、種類によっては、かなり乾燥に強いものもある。

コケを嫌う人は多いが、シジュウカラなどは巣の材料にたくさんのコケを使う。コケには殺菌作用があるからだという。

苔玉《こけだま》も人気があるが、家に持ち帰って管理維持しつづけられた人は、そうそういないだろう。

庭の木の皮に張りついていたサヤゴケ。大気汚染に強いと言われるせいか、都市部に多い

というのも、コケはなかなか生育条件が難しく、人間が人工的に植えても、根づくのは難しいとされている。つまり、自然発生的に生えてきたものだけが繁殖し、残っていく。

庭にコケが生えてくるのは、そこがそのコケに適している場所だということだ。苔庭で有名な寺があるように、景観にあっていれば、なかなか味わいのあるもの。生かせるようなら生かしてみよう。

ただし、コケの生えている場所は滑りやすいので、よく歩くところなら、飛び石を据えるなどの工夫が必要だ。

《対処法》

どうしても生えてほしくない場合（芝庭など）は、コケをすべてすき取ってから、砂をできるだけ薄く、それでいて地面を覆う程度にまくとよい。

だが、永久的な処置ではないので、折を見て時々くり返す。

コケには除草剤はあまり効かないようで、除草剤がまかれた直後の土にも生えていた。最近駐車場や畑にコケが多いのは、除草剤散布によって、土が劣化しているからなのかもしれない。

芝でよく見るハイゴケ。日当たりのよいところ、開けた半日陰などを好む。シジュウカラの巣材によく使われる

エゾスナゴケは、石などによく生える乾燥に強いコケの仲間

地衣類ハナゴケの仲間。やせ地の指標種と言われている。地衣類はコケではなく菌の仲間

コンクリートに生えるハマキゴケは乾燥に強い。地面のまんじゅう状のものはホソウリゴケやギンゴケ

シジュウカラの巣はコケと獣毛でつくられていて、厚さは8cmにもなる。コケには殺菌作用があるという

シジュウカラの巣箱のなかに敷きつめられたコケ。人間には嫌われても、鳥には貴重な巣材だ

コニシキソウ（小錦草）

トウダイグサ科ニシキソウ属
一年草
花期6〜9月
草丈2〜10センチ
日当たりがよく、肥沃で乾燥した酸性土壌を好む
外来種　北米原産　明治時代中期

コニシキソウは小さいけれど、頑張り屋さん。土の少ない過酷な場所でも、四方八方に茎を出して広がっていき、そこからまた根を出して、へばりつくように生長していく。

葉っぱはよく見るが、花は見たことがないし咲くのだろうか、と思っていた。

夏の暑い日、庭で見つけたコニシキソウの葉っぱに目を凝らして見ると……それはそれは小さな花が咲いていた。これでは、今まで気がつかなかったのも無理はない。

コンクリートの割れ目などにへばりついていたり、地面に這いつくばるようにして生えるのは、花粉をチョウなどの飛ぶ虫に託すのではなく、アリに託すからだろう。できるだけ地面に近いところに生えたほうが有利なのだ。

《対処法》

軽く土をほぐして取るとよい。ひっぱるだけでは上部がちぎれるだけ。しかも、白い乳液のようなものが出てくる。私には経験はないが、皮膚の弱い人は炎症を起こすらしい。

ほかの雑草の群れのなかで咲くコニシキソウ

地面を這いながらのびていく。葉の色は赤から緑までさまざま（写真／岩谷美苗）

日当たりのよい砂利の間からも、ひょっこり顔を出す

コニシキソウの花や実は地味でめだたない

コニシキソウの葉脈は複雑なペルシャ模様のよう

コニシキソウの白い汁。普通は大丈夫だが、皮膚の弱い人はかぶれることがあるという

コニシキソウの根は案外しっかりしていて、上部をひっぱるだけでは取りにくい

オオニシキソウの実は丸みを帯びた卵形で、上から見ると正三角形。花期は６～10月ごろ

オオニシキソウは草丈が 20～40 cm と、コニシキソウより高い

オオニシキソウの茎から出た汁。コニシキソウとくらべると、茎の表面に毛が生えていないことがわかる

オオニシキソウの根

ジシバリ（地縛）　別名：イワニガナ

キク科ニガナ属

多年草
花期４～６月
草丈８～15センチ
日当たりのよいところ
在来種

山野の日当たりのよいところに生えるそうだが、最近は住宅開発などで荒れたままになっている土地などにも生えているし、庭にも進出してきていて、芝生が後退していくところによく生えている。

群生していると、ほかの雑草が生えにくいし、花もかわいい。

茎の途中が地面にふれると、そこから根が広がって、地面を縛るように覆いつくしていくところから、この名前がついたという。

葉っぱがへらのような形をしたものもあり、それはオオジシバリという。

《対処法》

最近、ジシバリと葉がよく似たワイヤープランツという観葉植物が丈夫で人気がある。葉は似ているが、ニュージーランド原産のタデ科で、種類はまったく違うもの。そう考えると、ジシバリもグラウンドカバーとして使えるかもしれない。

名前どおり、根から抜くのは思ったほど簡単ではない。小鎌を使って根元の土をほぐしてから抜く。

地面を縛るように生えるからこの名前がついたという。タンポポに似た黄色い花をつけるが、花弁の数が少ない。日当たりのよいところや開けたところ、芝生の薄くなったところなどに生える

シダの仲間

生えている場所によっては、和風の庭であれば風流だし、洋風の庭であれば、アンリ・ルソーの絵のようでもある。

シダは日陰の湿った場所が好き。

ひとつふたつあるうちは、いいところに生えてくれたなどと思うのだが、そのうちに胞子でどんどん増えていく。

《対処法》

手で抜くのは、難しい。上部だけちぎれてしまうのだ。抜くときは、スコップで一つひとつ根から抜き、根についている土はなるべくふるって、庭にもどす（そうしないと、ぼこぼこと穴があいたようになる）。

水をためたバケツのなかで根を洗うと、土がバケツにたまるので、最後にその水を土にまくという方法もある。

しゃれた鉢に入れれば、観葉植物にもなりそうだ

ほとんど日陰の湿っぽいところに生えているシダ。根はとても丈夫で、掘り起こすしかない

シダ類の根は、毛根がびっしりと生えて、土をしっかり抱えこんでいるため、掘り出しにくい

地表付近を徘徊するクモが、シダの上をお散歩

シロツメクサ（白詰草）

別名：クローバー

マメ科シャジクソウ属

多年草
花期5～7月と9～10月
草丈15～30センチ
日当たりのよいところ
外来種　ヨーロッパ原産　明治時代

明治期に牧草としてヨーロッパから移入されたものが野生化したらしい。オランダからガラス製品が運ばれてくるときに詰め草（緩衝材）として使われていたものが野生化したという説もあり、そこからこの名前がついた。

シロツメクサは根に根粒菌《こんりゅうきん》という微生物が共生していて、空気中の窒素から窒素肥料をつくってくれている。植物が生長するうえでは、窒素、リン酸、カリウムという三大栄養素と微量元素（亜鉛やマンガンやカルシウムなど）が必要だ。マメ科の植物は空気中の窒素を土に固定することができるので、やせた土地でも繁殖できる。畑ではこの性質を利用して土づくりをするために、シロツメクサのタネをまき、生えてきたものを土にすきこむという方法が昔からとられてきた（これを「緑肥《りょくひ》」という）。

養蜂家の蜜源としても利用されている。

また、キャベツのまわりにシロツメクサを植えておくと、シロツメクサにはモンキチョウをはじめとして、いろいろな虫がきて食害するが、キャベツにはつきにくい。これをコンパニオンプランツ（１６３ページ参照）という。

コンパニオンプランツとしては、西洋のハーブと野菜の関係が多く報告されている。ハーブも本来は雑草に近い植物である。だとすると、日本の雑草にも、コンパニオンプランツの役割をはたしているものが多くあるのではないかと思われる。今後の研究や観察に期待したい。

シロツメクサの3枚の葉には、希望、信仰、愛情の意味がこめられているという。4枚目の葉があったら、幸福のしるし。踏みつけ頻度の高い場所では、葉に傷がつき、四つ葉になる確率が高いとも言われている。どうりで、わが家ではたくさん見つかるはずだ。

なお、アカツメクサとレンゲソウ（ゲンゲ、レンゲとも呼ばれる）は異なる種類のもの。

葉についたしずくは、小さな水晶のよう。四つ葉のクローバーは幸福のシンボルとされる

通路の脇に自然と生えてきたシロツメクサは、庭の雰囲気を柔らかくする

モモイロツメクサはシロツメクサのピンク花。アカツメクサとの違いは、花のすぐ下に葉がないこと

花はいろいろな虫たちの蜜源になっている。花冠やブレスレットをつくって遊ぶこともできる

アカツメクサの葉はシロツメクサよりもとんがっている

アカツメクサは、花のすぐ下に葉がある

スベリヒユ（滑り莧）

スベリヒユ科スベリヒユ属
一年草
花期7〜9月
草丈5〜15センチ
日当たりのよいところ
在来種

華やかな花をつける園芸種のマツバボタンやポーチュラカと同じ仲間だというが、スベリヒユは、ほとんど花に気がつかない。

大きい株だと、タネを24万個つけたという記録があるそうだが、どうやってカウントしたのだろうか？　タネの寿命は30年以上もあるという。

また、大気中の二酸化炭素を効率的に取りこめる植物だと言われている。

花壇や菜園など、日当たりのよい乾燥したところに生えてくることが多い。葉は多肉質で乾燥に強い。

昔から食用されていて、ゆでるとぬめりが出ることから名前に「滑り」とつくと言われる

《対処法》

根はあまり深くないので、除草は難しくないが、養分をよく吸収するので、抜いてしまうと、せっかくの養分を土中から取り出してしまうことになる。

背丈も高くならないし、花壇のグラウンドカバーとして枯れるまで生やし、その後、土にすきこんで養分を土に返してやるとよい。

土の養分を吸収するという性質から、ガーデナーや農家からは「強害草」として嫌われているようだが、すべてはどうつきあうかにかかっている。

芽が出たてのころはあまりめだたないが、ここからどんどん増えていく

園芸種のポーチュラカ。いろいろな花色がある

チヂミザサ（縮み笹）

イネ科チヂミザサ属
一年草
花期8～10月ごろ
草丈10～30センチ
半日陰の開けたところ
在来種、外来種諸説あり

縮れがある笹のような葉っぱからこの名前がついたのだろう。

グラウンドカバーになってくれるが、しずしずと増殖していくので、そのうち我慢ができなくなり、取ってしまう、ということに。

わが家ではシロツメクサがだんだん衰退して、今ではチヂミザサがとってかわっている。

抜くのは案外簡単で、ひっぱるとペリペリとはがれていく。

チョウのヒメウラナミジャノメの幼虫は、ススキのほかにチヂミザサも好むので、庭に残しておくと訪れを楽しめるかもしれない。

葉の縁に縮みがあり、笹の葉に似ていることからチヂミザサとついたのだろう

チヂミザサの群生。見ようによっては風情があるし、グラウンドカバーにもなる

ヒメウラナミジャノメの成虫。幼虫はチヂミザサを食草とする

赤い茎からそれぞれ上に茎が立ち上がり、根を出している。ひっぱるとペリペリとはがれていく

チドメグサ（血止草）

セリ科チドメグサ属

多年草
花期6〜10月
草丈約10センチ
やや湿ったところ
在来種　ユーラシア原産の外来種とも言われている

種子とランナー（茎を横にのばした先で根を張り、新しい株を増やす）の両方で増える。芝地によく生えてくるが、観察すると人が歩いてへこんでいるようなところに生えていることが多い。これはチドメグサが湿地を好む性質があるからで、くぼんだところに砂をまぜた土を敷き、芝の高さを調整してくぼみをなくすようにするか、よく歩くところには平板などを敷いて通路にしてしまうといいだろう。一年を通して生えているので、湿った土地の緑化に植えるといいかもしれない。

芝地に生えると完全に取るのは困難だが、よく見ると案外かわいい丸い葉だ

COLUMN

「No weed no ground」草の生えない土はない

レゲエ・ミュージシャン、ボブ・マーリィの歌に「No Woman, No Cry」がある。それを聴いていて思いついたのが、「No weed no ground」というフレーズ。「草の生えない土はない」といったところか。除草剤でもまいていないかぎり。

よく「雑草が生えない庭にしたい」という人がいるが、土の部分をできるかぎり少なくするしかない。砂利を敷くにしても、厚さを10センチ以上にしないと、砂利の隙間からいろいろな雑草が生えてくる。最近は、簡単な舗装材（水をまくだけで固まる砂）のようなものもあるが、それとて数年たつと、上にうっすらと土が堆積してきて、やっぱり雑草は生えてくる。だったら、もう「雑草を生やさない」という考えを捨てて、雑草が生えることでかわいらしく見える庭にしてしまったほうが話が早いのではないだろうか。

わが家では、家のまわりの通路部分には平板レンガを敷きこみ、それ以外のところは雑草を生やして、2週間に1回、草刈り機で草丈をそろえて刈っている。こうすると、遠目からはきれいなグリーンに見える。草屋根やわが家の原っぱ部分は、冬の間は雑草がなくさびしい風景になってしまう。草刈り機をかけるときは「面倒だなぁ」などと思うのだが、面倒でもやっぱり草が生えてくる春が待ち遠しい。

ツユクサ（露草）

別名：ツキクサ、ボウシバナ

ツユクサ科ツユクサ属
一年草
花期6～10月
草丈30～50センチ
やや湿ったところ、日なたから日陰まで
在来種

なかなか風流ないでたちの草である。小さな花瓶に生けても絵になる。が、早朝に咲いて午後にはしぼんでしまう。

しかし、なかなか侮れない増え方をする。

他家受粉、自家受粉、ランナーと増え方のバリエーションが豊富なため、あっという間にどこにでも生える。

抜くのは案外簡単で、ひっぱれば抜ける。でも、やっぱりかわいくて、なかなか抜けない草なのである。

ムラサキツユクサは1870年ごろに北米から観賞用として移入されたもの。ムラサキゴテンもツユクサ科で、葉の色まで紫色で個性的。両者とも、乾燥にはめっぽう強い。

花弁3枚のうち、2枚が青くてめだつ。別名ボウシバナというのも、うなずける

朝露にぬれて咲くツユクサの群生。早朝から咲き、昼ごろには閉じてしまう。ひっぱるとたやすく抜ける

ムラサキツユクサ。耐寒性があり病虫害にも強く場所も選ばないが、葉が大きいので小さな庭では管理が難しい

ムラサキツユクサは北米原産の園芸種。場所によって4月ごろから花が咲くが、めだつのは6月ごろから

ネコハギ（猫萩）

マメ科ハギ属

多年草
花期7～9月
草丈50～80センチ
日当たりのよい乾いたところ、草地、造成地
在来種

芝が薄くなってきたようなところによく生えてくる。日当たりのよい乾燥した場所が好きで、草丈の高い植物に覆われると光が届かなくなり、生育を阻害される。

マメ科の植物特有の性質で、空中の窒素を土のなかに固定してくれる。

葉や茎には柔らかい毛が生えていて、それが名前に「ネコ」がつく由来だという（イヌハギに対してネコハギという名前がついたという説もある）。毛があるためか、軍手をしてさわると、ぺたぺたとくっついてきて、スカッと除草するという気分にはなれない草だ。

地味でめだたないが、したたかに繁殖する。軍手をしてひっぱると張りついてくる

葉はシロツメクサに似ていて、三つ葉でなかなかかわいいので、生やしておきたい衝動にもかられる。庭で見つけるとすぐに除草してしまうので、花は今のところ見たことがないのだが、7～9月に小さいながら愛らしい白い花を咲かせるという。だとしたら、自然に庭に生えてきたネコハギをグラウンドカバーにしてしまうのも手だ。

閉鎖花は花を開かない。花が咲けば、ハギのようなかわいい花だというが、まだお目にかかったことはない

とはいえ、マメ科の植物は、ある程度土に窒素を固定すると、だんだんほかの場所へ移動していくような傾向があり、ここに生えていてほしいと願っても難しいかもしれない。しかし、それはそれで、今生えてきていることを楽しむというのも雑草とのつきあい方だ。

《対処法》

除草したい場合はこまめに地上部分をひっぱって取る。毎年それをくり返すとだんだん衰退する。多年草なので、1年では絶やすことはできない。腹をくくってやるべし。

ヒメツルソバ（姫蔓蕎麦）

別名：カンイタドリ、ポリゴナム

タデ科イヌタデ属

多年草
花期5～11月
草丈約10センチ
日当たりのよいところ
外来種　ヒマラヤ地方原産　明治時代

ポリゴナムという名前で園芸店でもよく売られている。冬でも日当たりのよいところなら花を咲かせる。だが、夏の暑さは苦手なようで、真夏になると花は咲かなくなる。が、それでもランナーでいつの間にか増えている。丸いぽんぽん頭で、葉の色もちょっと複雑。そんな見た目から、グラウンドカバーにする人も多いだろう。

ところが、見た目のかわいらしさに似合わず案外強く、近年雑草化している。今のところナガミヒナゲシのようにあたりかまわずということにはなっていないようだが、園芸店で購入して植えた人は、敷地内から出ていかないように注意が必要だ。

ポンポンのようなかわいい花を咲かせる。じつは、小さな花の集合体でまん丸になる

群生するヒメツルソバの花。「ポリゴナム」という名で売られているが、近年雑草化している

ヒメツルソバの根。茎が地面につくと、そこから根が出てきて、どんどん広がっていく

葉には矢印のような模様がある。秋になると真っ赤に紅葉する

ヘビイチゴ（蛇苺）

別名：ドクイチゴ（毒苺）

バラ科ヘビイチゴ属

多年草
花期４～６月
草丈５～10センチ
日当たりのよいところから半日陰まで
在来種

黄色い花が地べたを這うように咲き、そのうちに真っ赤な果実が庭のところどころに見えるようになってくる。これはほかの雑草を抑制するグラウンドカバーにうってつけ。

ヘビが実を食べるということからこの名がついたそうだが、もちろん食べない。それぐらいまずいということなのだろう。実際に食べてみたら、果実は甘くも酸っぱくもなく、間の抜けたもの。「これが酸っぱいか甘いかであれば、たくさんジャムがつくれるのに！」と言った仕事先のお客さんの言葉が忘れられない。

赤い実が大きくて光沢があるようなら、ヤブヘビイチゴ。こちらも味がない。

ヘビイチゴの花期は４～６月。バラ科はウメやサクラからイチゴまで、多岐にわたる（写真／岩谷美苗）

ヘビの潜んでいそうな地際に生える、実がまずいからヘビぐらいしか食べない、などが名前の由来という

ヘビイチゴはドクイチゴとも呼ばれるが、じつは無毒

葉は３枚でまわりに鋸歯（ギザギザ）がある。地面を這って葉脈からランナーを出して増えていく

セダムの仲間

セダムは多肉植物の一種で、世界中に生息し、四〇〇〜五〇〇種以上があると言われている。

園芸店に出まわりはじめたころは、メキシコマンネングサが主だったが、近年、多くの種類が売られており、ほとんどが常緑のものである。

総じて耐寒性・耐暑性があり、痩せた土地でも大丈夫、肥料も必要としない。しかも、葉に水をためこむことができるため、水やりもほとんど必要ない。そんなセダム類はガーデニング初心者にはうってつけ。

その強靭な性質から、屋上緑化やロックガーデンでも多用された。

抜くのは簡単で、こんなに根の張りが悪いのに、どうして渇きに強いのだろう。

メキシコマンネングサの花

庭に植える場合は植えっぱなしにしないで、雑草化させないよう、きちんと管理しよう。わが家ではいろいろな種類のセダムをレイズドベッドの中に植え、あちこちに広がらないよう、工夫している。

多種類のセダムを植えると、変化があり楽しい。だが雑草化しないよう、管理を忘れずに

COLUMN

虫の食卓

わが家でニラの花が咲くころ、シジミチョウがやってくる。2匹でひらひらひらひらシンクロしながら舞っている。ギシギシは虫の宝庫で、葉がいちばん元気な5〜7月までは、アブラムシにはじまって、ハムシやらハバチやら、いろいろな虫がやってくる。もちろん、それらを食べる天敵もたくさんやってきて、繁盛しているレストランのようだ。そんなときにうっかりギシギシを見ていると、平気で1時間や2時間が過ぎてしまう。一方、あまり食害されないのは、ドクダミ。やっぱり虫たちもあのにおいは好きではないらしい。

ユキノシタ（雪の下）

ユキノシタ科ユキノシタ属
多年草
花期5～7月
草丈20～50センチ
やや湿ったところ
在来種

ジメジメしたところ、日の当たらないところに、生えてくる。雑草というより、野草として扱われていて、あまり嫌われてはいないようだ。

条件の悪い場所でも自ら生えてきてくれるうえに、グラウンドカバーになってほかの雑草の侵入を阻み、花は不思議な形でかわいいし、若葉はてんぷらにしてもおいしい。

おまけに葉っぱをもんで出てくる汁は、傷や蚊に刺されたときにつけると効果がある。パーフェクトな草である。

葉も花も特徴的。根が浅いのであっさり抜ける

だから、きっと昔の人は重宝して、家のそばに植えていたのだと思う。その子孫がひっそりと、たしかに生きつづけ、庭の片隅に生えてくるのではないだろうか。

環境にあってさえいれば、ほんの少し土があれば生えてくる。強そうには見えないが、じつはなかなかしたたかなのである。

花はダイモンジソウにも似ていて、愛らしい

《対処法》

ひげのような赤いランナーで増えていくが、根は浅く、あっさりと抜けてしまう。

石の上でもわずかな土があれば生えるしたたかさをもつ

細っ葉

芝庭の管理をしているときに、芝なのかどうか迷ったり、刈ってしまえばあまりめだたない雑草があることに気づいた。野芝と一緒に刈って、遠目から見ると、ほとんど気にならないような草たちだ。

葉が細長いので、私たちは「細《ほそ》っ葉《ば》」と呼んでいる。学術的な呼び方ではないし、ほかの人がこんなふうに呼んでいるかどうかは知らない。あくまで私たちなりに雑草をとらえるときの呼び名である。

イネ科をはじめ、カヤツリグサ科やタデ科の雑草がふくまれる。

イネ科の雑草

イネのように葉の細い雑草。芝にまぎれて生える、丈のごく低いものから高いものまで、いろいろある。

小さなイネ科の植物は、根によって土を耕すという貢献度も少なく、あまり役に立たないと思われているが、じつはネコブセンチュウを防ぐとも言われている。ネコブセンチュウは、分泌物で植物の根の部分の細胞を肥大化させ、弱らせる。

また、コケやシダ類の次に生えてくる二番バッターの草でもある。場所によっては、コケやシダ類が生えずに、いきなり一番手として生えてくる場合もある。そうやって、土を豊かにしてくれる雑草なのだ。

だが、『土と雑草』（ジョセフ・A・コカヌア著）には、バラのまわりにはイネ科植物をじゅうたんのように密生させないほうがよいと書いてある。いろいろな書物にさまざまなことが書いてあるが、要するに、バランスの問題だと思う。

イネ科の雑草は、種類によっては株が大きくなると抜こうにも抜けず、スコップを使っても抜くのに苦労することがある。だが、地下茎で増えていくなどということがないので、「目に見えない敵と戦う」というような、不毛な徒労感はない。

芝庭の場合、よほど大きくなるイネ科雑草でなければ、あまり気にせず、芝と一緒に同じ高さで刈りそろえてしまうというのがラクな管理方法だ。

イネ科の雑草は、パンパスグラスやフウチソウなど、園芸店でもよく売られている。

フウチソウは日本原産の園芸種。葉が風になびく姿は風情がある。草丈は最大で 70 cm ぐらいになる

パンパスグラス。左隅にいるのが著者で身長 172 cm。いかに丈が高い植物かがわかるだろう

ところで、よく、ホームセンターなどで「猫用の草」というのが売られているが、わが家の猫は、庭の一角に生えているイネ科の雑草を食べて、時々毛玉を吐き出したりしているので、めだたないところのものは刈らずに、適度に残している。

《芝庭の管理方法》

私たちは個人庭専門の町の植木屋なので、雑草とのつきあいは、芝庭の管理から始まることが多い。ということは、イネ科の雑草の対処法を考えるうえでは、芝について知っておくとよいかもしれない。

芝は、毎日水をやると根を張らなくなる。だが、だからといって乾きすぎても根にダメージを与えてしまう。

また、日本ではコケが生えやすいが、その場合はコケを熊手でよくかき取り（金属でできた金熊手《かなくまで》というのが取りやすい）、そのあと砂をまくとコケが生えにくくなる。

もちろん、雑草はこまめに抜かないと、芝が負けてしまい、勢いが悪くなる。最悪の場合は、雑草と入れ替わってしまう。

日本ではゴルフ場のイメージが強いために、芝を短く刈り込んでしまうが、庭ではなるべく長めに刈ることをおすすめする。芝を高さ5センチぐらいに刈れば、根元に光が届かなくなり、雑草の発芽や、生育を抑えやすい（「刈り高5センチの意味」143ページ参照）。

このように芝の管理はたいへんだが、だからといって芝が弱いかというと、かなり深く掘り取っても、石の下や通路の舗装の底からまた生えてくる。以前、生えていた芝をすべてはがして庭をつくりなおした家があったが、どこからともな

芝地のなかにまぎれて生えるイネ科の植物

金属製の熊手で土の表面をこそげるようにしてコケをかき取る

芝地に生えたコケの一種

く復活してきた。こうなると、芝も雑草化してくる。

それでいて、生えてほしいところにはなかなか生えてくれない。歩いたところは薄くなって生えてこなくなるし、植木鉢を置いたところも蒸れて枯れてしまう。

歩いて芝が薄くなったところには、芝と競合するような場所を好むイネ科の雑草をはじめ、ジシバリやチドメグサ、そのほかいろいろな雑草も生えてきやすい。土が踏み固められて芝の根が弱ってしまい、芝には適さない環境になっているところへ、芝がまわりからのびてくる前に生育の早い雑草が大発生してしまうのだ。

どうしても、発生させたくない場合は、まず土をほぐして空気を供給するためのエアレーションという穴開け作業を行ない、芝の薄くなってしまったところに、

踏みつけられて芝が後退し、土が露出している

手入れを怠ると、いろいろな雑草が生えてきて、芝は衰退していく

土や砂を足したり、芝を買ってきて補植することなども必要になってくる。
もしくは、歩くことがわかっているのなら、もうその場所はきっちりと通路をつくってしまう。
サッカー場やゴルフ場の芝を管理する専門の仕事を「グラウンドキーパー」というが、その人たちはよく、「芝は手をかけただけよくなる。また、傷んだり雑草が生えてきたら、早めに手を打つのが大事」と言う。つまり、裏を返せば、手をかけないとよくならないということでもある。
実際、芝の根の張りをよくするために、地面にエア

エアレーションの道具「ローンスパイク」

芝の根を切り、土中に空気を供給するエアレーション

よく歩く場所には、通路をつくったり、飛び石を敷いたりするとよい

レーションを行なったり、歩いてでこぼこになったところに砂や土をまいたりする。冬場にはバーナーで芝焼きをして、雑草の発芽を抑制したり、その灰を肥料として与えたりする。夏場に干水（日照り）が続くと、こまめに水やりをしないといけない。美しいグリーンを保つためには、相当な労力や水が必要となるのだ。

たまに、「オーガニックな芝はどこで手に入るか？」と聞かれることがある。

芝専門の生産業者があるのだが、オーガニックをうたっている芝は見たことがない。

どうしてもオーガニックな芝庭がほしい！というのであれば、「芝」にこだわらず「雑草を短く刈りそろえる」というふうに発想を転換してみてはどうだろう。「緑のじゅうたん」を夢見ているのであれば、短く刈りそろえた雑草は、遠目から見ると芝庭とたいして変わらない。

管理はたいへんだが、手入れの行き届いた芝庭は美しい「緑のじゅうたん」だ

欧米では最近、管理がたいへんで水の消費も激しい芝をやめて、在来の雑草でグリーンカーペットにする人が増えているという（東京新聞２００９年６月25日付の記事）。

私たちも同じようなことを試したことがある。雑草が生えてくるまでのつなぎとして、野芝などを張って土留めや土ぼこりを防止し、だんだん生えてくる雑草と入れ替えて原っぱのようにするという方法だ。

野芝から雑草へと入れ替わった草屋根の作業小屋。時々刈り込んで美観を保つ

わが家の作業小屋の屋根もこの方法で最終的には雑草の草屋根にした。雑草はその環境に適したものが生えてくるので、屋根という過酷な場所だが、水やりもあまり必要なく、楽に草屋根を管理している。

イネ科の植物を食草とする虫には、オオチャバネセセリの幼虫がいる。

イヌタデ（犬蓼）

別名：アカマンマ、アカママ、アカノマンマなど、地域によりいろいろ

タデ科イヌタデ属

一年草
花期6~10月
草丈20~50センチ
日当たりのよいところから半日陰まで
在来種

のび放題にしておくとひざ丈ぐらいまでのびて先端に花をつけるが、刈り込んでいると10~15センチぐらいでも花をつける。

庭の一部、とくに石のそばや構造物の角などに残すと、風景が柔らかくなる。秋には葉が紅葉することもある。一輪ざしにしても花もちがいい。土壌の浄化作用があると言われている。

別名は、子どものおままごとで赤飯代わりになることからつけられた。

イヌタデの群生

《対処法》

一年草なので、根が残ってもそこからまた出てくることはないのだが、タネが落ちるので、だいたい同じ場所にまた発芽してくる。タネがこぼれ落ちるまでに地際から切ってしまうなどの方法を毎年根気強くやっていく。

生育初期のイヌタデ。すでに葉が虫に食われている

花がおままごとで赤飯に見立てられたことから「アカマンマ」とも呼ばれる

比較的引き抜きやすい根だが、土質によっては、たいへんな場合もある

紅葉するイヌタデの葉

エノコログサ（狗尾草）

別名：ネコジャラシ

イネ科エノコログサ属

一年草
花期8～10月
草丈30～80センチ
日当たりのよいところ
在来種

エノコロは「犬ころ」から、別名のネコジャラシは猫をじゃらすことからついた名前。花穂《かすい》がつくととてもかわいい。

根はそこまで深くなく、小さい小鎌で根元の土をほぐせば、取りやすい。

最近はビタミンやミネラルが豊富な雑穀をご飯にまぜて食べたりもするが、その雑穀のひとつアワの祖先が、エノコログサの仲間だとも言われている。

アキノエノコログサ、キンエノコロ、オオエノコロなど、いろいろな種類がある。

昔の子どもは、軽くしごいて毛虫遊びなどをした。この草で猫と遊ぶこともある。わが家では、素朴な一輪ざしの花器に生けて楽しんでいるが、まとめて生けても野趣に富んでいる。

エノコログサは、赤い茎になるものもある

生育初期の柔らかい葉

よく見ると、小さな花が咲いている

花穂は猫の尻尾のように見える（写真／池竹則夫）

カヤツリグサ（蚊帳吊草）

カヤツリグサ科カヤツリグサ属
一年草
花期7〜10月
草丈30〜50センチ
やや湿り気のあるところを好むが適応範囲は広い
在来種

三角の茎はまっすぐで折れにくい。水を吸いにくいという弱点をもっているので、できるだけ湿ったところを選んで生えてくるという。

小さいうちなら手で抜けるので、早めに見つけて抜いておくこと。大きくなると抜くのは困難。花穂をつけさせないようにして、株元で切るとよい。

緑のぽんぽん頭がかわいいヒメクグ（クグというのは、カヤツリグサの古語）が、わが家の水鉢のそばに生えてきた。カヤツリグサの仲間だ。

抜こうと思ってさわったら、なんとも甘いクチナシのようなかぐわしい香りがする。草刈りをしたあと、甘いにおいがあたりに漂うが、ヒメクグの香りもまじっているのかもしれない。

イヌタデなどを好むナカグロクチバの幼虫がいる。カヤツリグサを食害するのかは不明

ヒメクグは甘い香りがする

真上から見ると線香花火のよう

生長すると株が大きくなるので、なかなか抜けなくなる

根の張り方は深くないので、早めに見つければ手でも抜ける

ジュズダマ（数珠玉）

イネ科ジュズダマ属
多年草
花期8～11月
草丈100～200センチ
暖地の小川や湿地
在来種（史前帰化植物）

イネ科とはいっても、かなり葉のしっかりしたタイプの草である。肥沃で湿り気のある場所に生えてくる。白色、灰色、灰褐色、黒色などの堅い実がなる。数珠玉の名のとおり、実を糸でつないで輪にすると、数珠やネックレスになる。また、乾かしたヒョウタンに実をまきつけてリズム楽器もつくれる。

茶花のようにして庭に植えてある場合もあるが、最近は、庭でも自然のなかでも見る機会が減っている。

ジュズダマを好むのはクロコノマチョウの幼虫。

ジュズダマの実は、白から黒色までグラデーションに富む

COLUMN

植物のそっくりさん

まだ雑草に関心がなかったころ、ヤブミョウガ（藪茗荷）をジュズダマと間違えていたことがある。

ヤブミョウガは、ツユクサ科ヤブミョウガ属の多年草。「藪に生えるミョウガの葉っぱに似た草」というのが名前の由来だ。だが、ミョウガのように食べることはできない。

そのほかにも、葉だけのときにタマスダレ（玉簾：ヒガンバナ科）をカヤツリグサと間違えて抜いてしまったことがある。あとで花を見て、後悔した。

それからは「そっくりさんには気をつけろ」と、必ず調べてから管理するようにしている。

タマスダレ

ヤブミョウガ

ススキ（薄）

別名：オバナ、カヤ

イネ科ススキ属

多年草
花期8～10月
草丈150～200センチ
乾いたところ
在来種

乾いたところであれば場所をあまり選ばない。好む土質としては、酸性からアルカリ性まで、適応範囲がかなり広い。夏の終わりごろに穂がのびる。お月見用にとか風情があるからと、園芸店で買ってきたものが、その後大株になったり、ほかの場所にも株を増やしていく。

　お月見のときには、花屋で結構いい値段で売られている。そう考えると、庭に1株ぐらいあっても風流でよいかもしれないが、株は年々大きくなり、まわりにもこぼれダネで広がっていくので、注意が必要だ。

風になびくススキの穂

　よく、河川敷などに銀色に光る穂をつけたススキのようなものが生えているが、あれはオギ。ヨシやオギは湿ったところに生える。ススキの花穂は赤みを帯びている。そのほか、道路の中央分離帯によく生えているのは、チ

スススキのタネ。晴れた日に遠くへ飛ばされていく

ほうっておくと株が大きくなるので、大きくしたくない場合は、早めに間引きする

スコップで掘り上げた株。掘り上げるのには力と根気がいる

チガヤは町なかの日当たりのよい中央分離帯でよく見られる

ガヤ。チガヤは地下茎に蓄えている養分量が多いので、刈り込みをしても衰退しにくく、根から掘る必要がある。

ススキを好む虫としては、ヒメウラナミジャノメやクロコノマチョウの幼虫がいる。

《対処法》

増やしたくない場合は、ごく小さいうちに抜く。地下部にある株に蓄えている養分量は比較的少ないらしいので、頻繁に刈り込みを続けていくうちに衰退する可能性が高い。

大きな株を株ごと抜くのは、スコップで掘っても、骨が折れる。掘るときは、掘り残しがないよう、しっかりと掘り取らないと、また再生してくる。

わが家では株が大きくならないように、植木鉢に入れて管理している。

見つけたらスコップを根元に入れ、掘り上げていく

テラスに沿って生えていたのを掘り上げたもの

スズメノカタビラ（雀の帷子）

イネ科イチゴツナギ属（またはナガハグサ属）
一～二年草
花期3～11月
草丈約10センチ
場所はあまり選ばない
在来種

芝のような、小さなイネのような草があったら、たいがいこれ。

適応範囲が広く、場所を選ばず生える。アスファルトの小さな割れ目からでも生えてくる。踏まれても全然めげない。それどころか、踏まれるところは大得意。グラウンドや畦道などで、当たり前のような顔をして生えている。花期もとても長い。

発芽すると、葉っぱの状態で冬を越し、春から初夏

場所によっては背丈が高くなる。手で抜けるが、土もごっそりついてきて地面に穴があく

に開花する。

芝によく似ているが、育つと芝のなかでは違和感があり、芝の見栄えが悪くなる。

麦の栽培とともに、世界中に広がったという説がある。

名前についている「スズメ」は小さいことを意味しており、カタビラとは裏地のない単衣《ひとえ》の着物のことだそうだ。この名前を最初につけた人は、質素な着物をイメージしたのだろうか？　花をよく見ると、着物の襟の打ち合わせに見えるというが、どうだろう。

《対処法》
秋に発芽するので、つねに先手を打ち、タネができる前に刈ってしまうことが大切。といっても花期が長いので、生えていて困るという場所では、まめに刈り取り作業をするしかない。

着物の襟もとが合わさったように見えるから「カタビラ（単衣の着物）」なのだとか

ぽつりとひとつだけで生える場合もあり、丈の短いところで花をつけることも多い（写真／わたなべあきひこ）

出はじめで、まだ花をつけていないスズメノカタビラ

土のないように見えるインターロッキングの隙間から顔を出している

スズメノテッポウ（雀の鉄砲）

イネ科スズメノテッポウ属

一～二年草
花期4～6月
草丈20～40センチ
場所はあまり選ばない
在来種

3～5月に茎の先に円柱状に細長い淡緑色の穂を出す。大きい株では4万個のタネをつける。麦畑の「害草」とされて除草剤をまかれ、最近では薬剤抵抗性も出てきている。芝庭に大発生して困ることもあるらしい。これは、スズメノテッポウが場所をあまり選ばないからだろうし、逆に芝に適した環境ではなくなっていることを教えてくれている（「芝庭の管理方法」39ページ参照）。

だが、最近、スズメノテッポウは以前よりも少なくなってきているような気がする。私たちのお客さんの庭ではあまり見なくなっている。絶滅危惧種になって、個性的ないでたちを見られなくなったら、ちょっとさびしい。

穂をつけはじめたスズメノテッポウ。最近、数が減っているように思う（写真／岩谷美苗）

穂の拡大（写真／岩谷美苗）

COLUMN

擬態する雑草

お客さんの芝庭で除草をしていると、芝なのかどうなのか、迷う雑草がいろいろある。イネ科の雑草がその正体だ。

ほかにも、大葉にそっくりなのがイラクサ。葉っぱを1枚破って、思わずにおいをかいでしまう。もちろん、イラクサには大葉のようなにおいはない。

虫にもホタルに似た虫がいる。ホタルは古くから人間に大事にされているので、似ることで生き残れる確率が高くなるからではないだろうかと聞いたことがある。

だとすると、雑草も長い時間をかけて、抜かれにくい植物に似たものが残ったと言えるのかもしれない。

チカラシバ（力芝）

別名：ミチシバ、カゼグサ

イネ科チカラシバ属

多年草
花期8～11月
草丈50～80センチ
日当たりのよいところ、日陰でも開けたところ
在来種

10～15センチほどの長い穂をのばしてタネをつける。タネはセーターなどにくっついて運ばれる。子どものころ、穂をしごいて栗のイガの形にして遊んだものだ。

チカラシバもオオバコと同じように、固まった地面の上に生える。つまり、人の通り道などに生えている。だから別名がミチシバというのだろうか。そうして、固い地面を耕してくれる。

名前のとおり、簡単には抜けない。

全体の様子。名前に「チカラ」がつくように、抜くのは手ごわい。都市部では減ってきている

チカラシバのタネ

穂はコップを洗うブラシのようで印象的。力強い野武士のような草だ

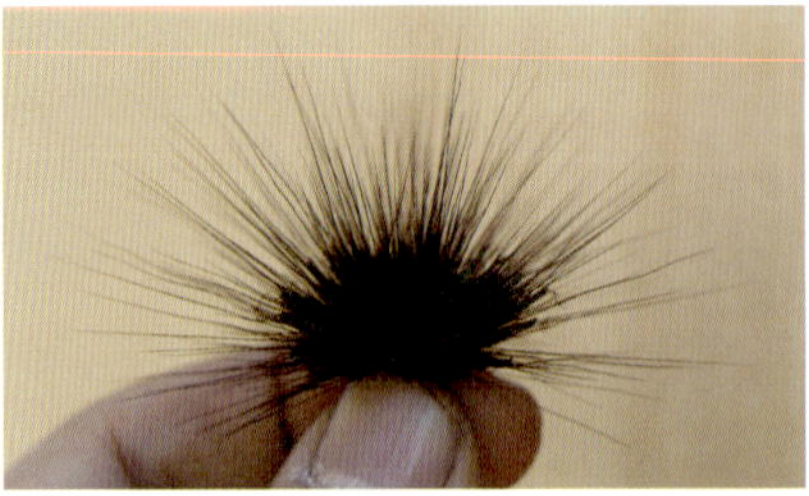

しごいてイガグリのようにして遊ぶ。が、外で遊ぶ子どもも減っているかも……

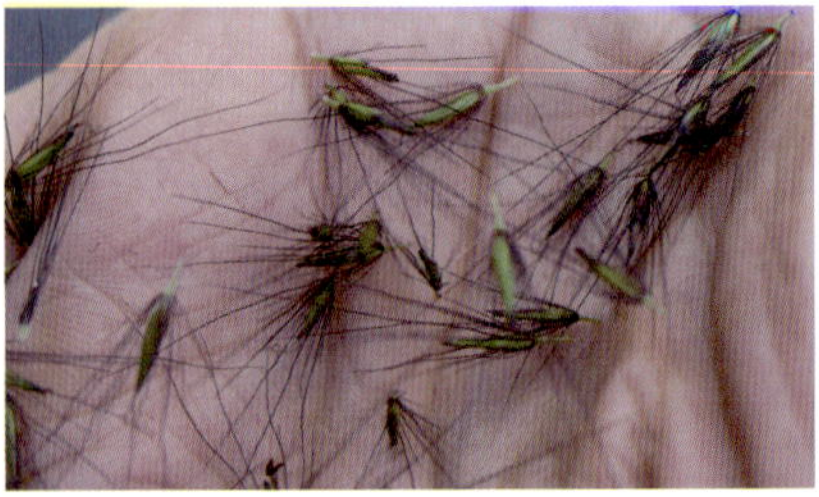

タネはくっつきやすく、人の衣服や動物の体などについてあちこちに運ばれる

メヒシバ（雌日芝）、オヒシバ（雄日芝）

別名：チカラグサ

イネ科メヒシバ属／イネ科オヒシバ属

両方とも一年草

花期　メヒシバ7〜11月、オヒシバ8〜10月

草丈10〜50センチ、時に1メートル近く

場所を選ばない

在来種

メヒシバは、あらゆるところに生えてくるより好みをしない草。4月ごろから発生しはじめ、その後11月ごろまでだらだらと発生しつづける。

ほうっておくと、丈が1メートルぐらいになるものもあるそうだが、私たちはまだそのような草丈のものを見たことがない。庭では、せいぜいひざ丈ぐらいのものか。人の手の入らない空き地などでは1メートルぐらいになるのかもしれない。

お客さんのなかで、私たちに芝庭のメンテナンスを中心に依頼してくださる方がいる。

最初のころは5月中旬から10月中旬まで、2週間に一度行って、除草と芝刈りをしていたが、だんだん3週間に一度になり、10年以上たった今は、シーズン中、1カ月に一度、それも6〜9月までで事足りるようになった。雑草がだんだん生えなくなってきたのだ。

そんななかでも、このメヒシバやオヒシバは、芝のような顔をして生えてくる。まるで、芝に似ているから人間にはわからないだろう、とでも言わんばかりに。

《対処法》

抜くのはたいへんではない。地際の根元をしっかり持ち、まっすぐ上に向かって抜けばいい。

だがこのとき、土がほぐれて、雑草と一緒に抜けてしまうのがもったいない。土ができるには長い年月が必要なのだから（「土と雑草の関係」168ページ参照）。

春先よりも、発生時期が遅い秋のものほど短期間で種子を形成する。花穂をつける前にしっかりと刈り込みを続けていればだんだん少なくなっていく。生長している間は10日に1回ぐらいは刈り込みをしないと、刈り込んだところから生長して10日で結実してしまうそうだ。

オヒシバは、メヒシバ同様にどこにでも生えるのだが、抜くのはメヒシバよりもやや手ごわい。

群生するメヒシバ。場所によって丈もさまざまになり、適応能力が高い

メヒシバの穂。オヒシバにくらべて全体的に細くて繊細

メヒシバの根。オヒシバよりも抜くのはたやすいが、土が硬いと抜けにくい

冬になり枯れた状態のメヒシバ

砂利道で生えはじめたオヒシバ。しっかり根を張っている感じ

オヒシバの穂はメヒシバよりもしっかりした感じ

オヒシバの根はメヒシバよりもがっちりしていて抜きにくい

オヒシバの株元

丸っ葉（めだつ葉）

イネ科の雑草は芝庭のなかではあまりめだたないので、高さを刈りそろえて、あとは気にしないという方法がとれるが、なかには、草刈り機で刈りそろえてもどうにも気になる、めだつ葉っぱがある。

私たちは、そういう雑草を「丸《まる》っ葉《ぱ》」と呼んで、根から抜くようにしている。葉が大きいため、残しておくと、芝の光合成を妨げるのだ。

この丸っ葉というのは、植物学上の分け方ではなく、見かけによる私たちの分け方のひとつで、地際に大型で丸い葉が出ている雑草のことをいう。葉が丸くなくても、芝のなかに生えているときに、ひどくめだつ雑草もふくめている。

大型の葉であっても、茎の途中から葉が出ていて、地際の葉がめだたないようなものは、地際を刈り払えば、上部がなくなってしまうので、「そのほかの雑草」に加えた。

もちろん、芝庭でなければ、丸っ葉のなかにも、葉がきれいなものやかわいい花を咲かせるものもあるので、センスよく残しておいてもいい。

オオキンケイギク（大金鶏菊）

キク科ハルシャギク属

多年草
花期5～7月
草丈30～70センチ
日当たりのよいところ
外来種　北米原産　明治時代

5～7月にかけて、背丈が高く黄色の花を咲かせる姿が豪華な印象のオオキンケイギク。キバナコスモスによく似ているが、葉が違うので見わけるのは簡単。キバナコスモスの葉にはギザギザの深い切れこみがあり、オオキンケイギクにはない。

以前はホームセンターの園芸コーナーで売られているのを目にしたものだが、最近、ぱったりと見なくなった。それもそのはず、2005年に施行された「特定外来生物による生態系等に係る被害の防止に関する法律」（通称で「外来生物法」「特定外来生物被害防止法」）により、栽培だけでなく、運搬も規制されていた。

オオキンケイギクの花。「外来生物法」により、販売、栽培、運搬などが禁止されている

この法律は、日本にもともといた在来種と競合して、生態系を損ねたり、攪乱する恐れのあるものを規制しようとするもの。動物や昆虫などのほかに、植物に関してもいくつかが指定されている。

個人が違反すると、1年以下の懲役もしくは100万円以下の罰金、法人には5000万円以下の罰金が科せられる。販売目的では、懲役、罰金は3倍。法人の罰金はより高額になる。学術研究以外の輸入、栽培はできない。

そもそも、オオキンケイギクが日本中に増えてしまったのは、公共の緑化事業として、多く使われたからだ。もちろん、園芸店でポット苗が販売されたことも大きい。官民あげて、オオキンケイギクを増やして、日本在来のカワラヨモギなどを衰退させてしまったわけだ。

今のところ罰則はないが、「要注意外来生物リスト」というものもある（将来的には「特定外来生物」になる可能性がある）。そのなかには、ムラサキカタバミや、なんとランタナまで入っている。ランタナは日本だけでなく、世界の外来侵入種ワースト100に入っていて、小笠原や沖縄などでは野生化しているという。

日本と同じ島国のオーストラリアでは、移入種の侵入を防ぎ、固有の生態系を守っていくために、いち早く対応策が出された。

オーストラリアの自治体の多くは、その地域において保護すべき在来種であるネイティブ・プランツと、除去すべき侵略的外来種（ペスト・プランツ）のリストを作成して、地域住民に配布している。

市の職員や市民団体の巡回で、ペスト・プランツが生えていると、拡大させないために、個人の庭でもつぼみを切り取る措置も行なわれるそうだ。

また、海外からの移入種のみならず、ネイティブ・プランツであっても、州が異なれば種苗会社は販売してくれないという徹底ぶり。

この国でいちばんよく売れているのは、花でも木でもなく、なんとその地域固有の草。いわゆる雑草なのだそうだ。

庭から道路にはみ出し、群れて咲くオオキンケイギク。葉の形はへら形

花がオオキンケイギクと似ているキバナコスモス。葉がオオキンケイギクとは異なり、深い切れこみがある

ルドベキアもオオキンケイギクと似ているが、花の中央が濃い茶色

オオバコ（車前草）

オオバコ科オオバコ属
多年草
花期３～11月
草丈10～20センチ
人の歩くところ
在来種

馬車や大八車の通るところに生えているところから、車前草という文字があてられた。さすがに、現代は馬車や大八車はないが、人に踏まれても生き残るので、人がよく歩く場所などに生えている。つまり、硬いところでも、生えてきてくれる草だ。

タネは水にぬれるとくっつきやすくなるので、雨あがりや朝露のなかを歩いた長靴やズックについて、増えていく。そういう性質からか、山のなかで迷ったらオオバコを目印に行けば人

踏みしめられた地面にしっかりと生えるオオバコ

よく見ないと気づかないが、オオバコの花は結構かわいい

群れて生えるオオバコ

1本1本の根がしっかりしているからか、抜くと土も大量にくっついてくる

芽が出たばかりのオオバコ

家にたどり着くと言われ、「山の道案内人」などという粋な俗称もある。

最近では、過疎地では住む人が極端に少ない地域もあるが、そういう場所では、オオバコの姿も徐々に消えていくという。これは、人が歩かなくなると、踏まれるのに弱い草が芽を出し生長するようになり、背を高くすることのできないオオバコは、光を奪い合う競争に負けてしまうからだ。

滋養強壮に効くと言われる漢方薬には、必ずといっていいほど入っている。

《対処法》

オオバコは根が浅いので、案外簡単に抜けるが、根と一緒に土までついてくるので、地面がぼこぼこになってしまう。根を取ったら、よく土をふるって取り、穴のあいたところを埋めもどしておく。

抜くのが困難な場合は、小鎌で根の近くを緩めて、掘り出す。群生しているところは、ジョレンでかき取ると便利。

丈は高くならないので、わが家では土の流出を防ぐマルチ（164ページ参照）だと思っておつきあいしている。

COLUMN

動いている雑草

私たちが今住んでいる場所は、家が建つ前は原っぱだった。そこを整地して、何が生えてくるかと思ったら、道路から庭に通じる道には、タネをまいたわりでもないのに、シロツメクサが生えてきた。車の轍を残して、群生するのである。

ところがこのシロツメクサ、新しい場所が好きなのか、毎年毎年少しずつ群生する場所を移動していくのだ。最初に生えていた場所には、今では違う雑草が生えている。

また、庭の一角にある作業小屋の屋根を草屋根にしているのだが、最初は野芝だった草屋根に、いつの間にかシロツメクサが生えてきた。

いったいどうやって高いところへ進出したのだろうか!? 風の仕業か、それとも飼い猫の体にタネをつけたのか（うちの猫はいろいろなタネを体につけて帰ってくる）、それとも草刈りするときの私の靴裏についてきたのか。

「植物は動かない」と人間は思っているが、じつは私たちとは違う時間の流れのなかで動いているのだ、ということをシロツメクサに教えられた。

オニタビラコ（鬼田平子）

キク科オニタビラコ属
越年一年草
花期4～11月
草丈10～100センチ
やや乾燥したところを好むが適応範囲は広い
在来種

「田平子」というのは、葉が田んぼに平たく放射状に並んでいる様子からついた。つまりロゼットのことだ。

茎が直立して、その途中に葉は出ない。茎は赤みを帯びているものもある。やせ地では小型だが、肥沃な土地では1メートル近くにもなる。

春の七草のひとつ「ホトケノザ」は、今のコオニタビラコのことだという。いつから、「ホトケノザ」という名前と入れ替わってしまったのだろう。

しかし、このコオニタビラコは、庭や空き地では見たことがなく、調べてみたら、近年は田んぼのある田園地帯に限られているとのこと。圧倒的に増えているのは、オニタビラコのほうだという。

庭仕事でよく見かけるのは、日当たりのよくないやや開けた北側の砂利敷きの通路など。

抜くのは簡単で、ひょいと抜ける。途中で茎や葉が切れると、白い汁が出るが、かぶれたことはない。

茎は赤みを帯びている。黄色い花はタンポポの花びらを少なくしたようでかわいい

オニタビラコは砂利敷きでも群れて咲く。砂利敷きの場所では抜きやすい

この根では、抜けやすいはずだ

オニノゲシ（鬼野芥子）

キク科ノゲシ属

越年一年草、または一年草、または二年草
花期4〜10月（真冬でも咲くことも）
草丈50〜140センチ
開けたところ
外来種　ヨーロッパ原産　明治時代

在来種のノゲシとくらべ、オニノゲシは葉に光沢があり、葉のとげがきつくてたくさんある感じがする。一カ所に群生するより、縁石の割れ目から1本だけニョキッと立ち上がっている姿をよく見る。一年草とも二年草とも越年一年草とも言われ、変幻自在の暮らし方。

ノゲシの仲間は、根が深く、土を耕して酸素や水の通り道をつくってくれる。庭のなかで調和がとれているのならば、そのまま生やしておいてもいいのでは。

切ると白い汁が出るので、肌が弱い人は注意が必要。根から取るのは難しい。

オニノゲシの葉の色は濃く、縁にとげがある

オニノゲシの花。暖かいところでは真冬でも花を咲かすものもある

オニノゲシはノゲシと似るが、葉にとげがあり、茎は赤いものが多い

ノゲシの仲間の根は土を耕し、酸素や水の通り道をつくってくれる

オニノゲシのロゼット。最近は在来種のノゲシよりも増えている

ギシギシ（羊蹄）

タデ科ギシギシ属

多年草
花期6～8月
草丈50～100センチ
やや湿ったところ
在来種

最盛期のギシギシの葉は、ほんとうにつややかな緑で、葉の形もシャープでりっぱ。

しかも、ギシギシはたくさんの虫たちの食草で、いろいろな虫の観察もできる。虫好きにはたまらない雑草なのだ。葉を吸汁するアブラムシはもちろんのこと、それを食べるナミテントウやヒラタアブの幼虫、クサカゲロウの幼虫もいる。さらには、葉を食べるハグロハバチの幼虫、コガタルリハムシなどもいるし、それをねらう徘徊性のクモやサシガメの仲間がくることもある。最近数が減っているように思うベニシジミの幼虫はギシギシやスイバを食べ、成虫はわが家のニラの花の蜜を吸う。

たった1本のギシギシがあるだけで、ギシギシを中心に生態系がぐるぐる回っている。ついついあれこれ見ているうちに、ギシギシワールドにはまってしまい、時がたつのを忘れてしまう。

わが家で毎年大事にしていたギシギシは、4～5年ほど私たちを楽しませてくれたあと、株が極端に小さくなり、小さな葉をほんの少し出しただけで、背丈ものびなくなってしまった。株の寿命なのだろうか？　それとも、土の質が変わったのだろうか？と思っていたら、いやいやどっこい、その周辺にいくつもの新しい小さな株を発見。彼らは着々と世代交代をしているのである。

ギシギシは雌雄同株で緑の花だが、ギシギシにそっくりなスイバには雄株と雌株があり、赤みを帯びた花が咲く。スイバはスカンポとも呼ばれる。ギシギシもスイバも葉にシュウ酸をふくみ酸っぱい。ギシギシによく似たエゾノギシギシやナガバギシギシは、外来種である。

《対処法》

花をつける前にスコップで根から掘り起こすこと。硬いところに生えやすいので、移植ごてのような小さなものでは掘るのは難しく、スコップなど本格的に掘る道具が必要となる場合が多い。

大きな葉は美しい緑色で、たくさんの虫たちの食草でもあり、あちこちに食べられた跡がある

このゴボウのような根で、硬い土を耕してくれる

ギシギシの花（写真／池竹則夫）

力強いうえに柔らかさもあわせもち、存在感もある。庭にうまく取り入れても楽しい（写真／岩谷美苗）

クサカゲロウの幼虫（アブラムシの天敵）

アブラムシはギシギシが大好き（食害）

ナメクジ（食害）

キバラモクメキリガの幼虫（食害）

葉脈を残してボロボロに食べられた葉。アブラムシがギシギシを吸汁し、そのアブラムシをクサカゲロウやヒラタアブの幼虫が食べる。葉を食害するハムシ、ガやチョウの幼虫たちも、カマキリ、アシナガバチ、クモ、鳥などの天敵に食べられる。１本のギシギシのなかにも生態系が見られる

コガタルリハムシ（食害）

ヒラタアブの幼虫（アブラムシの天敵）

ハグロハバチの幼虫（食害）

ベニシジミ（チョウの仲間）の幼虫（食害）

キュウリグサ（胡瓜草）

ムラサキ科キュウリグサ属

越年一年草
花期3～11月
草丈10～30センチ
半日陰の開けたところから日なた。やや湿っているところも
在来種

図鑑や書物を見ても、これほど面白い記述やためになる逸話が少ない草もめずらしい。めだって群生したり、草丈が高かったり、抜くのが難しいなどということがなく、花も小さくかわいらしいからなのかもしれない。
　その名のとおり葉をちぎってもむと、なるほどキュウリくさい。それでようやく名前をおぼえられるのだが、もう少しこのワスレナグサに似た花に似合う、すてきな名前をつけられなかったものかと思う。
　ほかの強烈な個性の雑草とくらべると、小説やエッセイに登場することは少ないが、梨木香歩の小説『西の魔女が死んだ』に出てくる草はこれのこと。

花はワスレナグサに似ている

半日陰の庭でも咲くキュウリグサによく似たハナイバナ

ほうっておいてもあまり見苦しい感じにならないので、見過ごされることが多い草

ロゼットもどこか愛らしい

スミレの仲間（菫）

スミレ科スミレ属
多年草
花期3～5月ごろまでさまざま
草丈約10センチ
あらゆるところ。ほかの草が高く茂る場所には生えない
在来種／外来種

日本には60種ほどが自生し、分布域は多様で、コンクリートの隙間やほかの樹木類で日陰になっている場所、都会、地方を問わず生えてくるたくましさがある。

ロゼットで冬越しして3～5月に花を咲かせる。タネを飛ばしたり、アリにタネまきさせたり（タネにアリの好きなエライオソームがついている）、花と閉鎖花（花をまったく開かないこと。つぼみのなかで受粉させる）の両方でタネをつくる。

ヒョウモンチョウの仲間は、スミレ類を食草とする。年に何世代も世代交代するツマグロヒョウモンの幼虫は、パンジーやビオラなどの園芸種まで食べるそうだ。幼虫はちょっとエグイが、成虫はなかなかきれいなチョウになる。近年、ツマグロヒョウモンをよく見るようになったのは、食草であるパンジーやビオラなどの園芸種が冬になるとたくさん植えられているからかもしれない。

ツマグロヒョウモンは、蛹になるときに銀メタルのバッチのような紋を6個つける。何のメリットがあって、こうなるのか不思議だ。鳥はぴかぴか光るものを嫌うからだろうか？　理由はわからない。１９８０年代までは、近畿より西の地方でしか見られなかったという。

COLUMN

アリのタネまき

庭のリフォームで通路の平板レンガをどかしたら……アリの巣があったのだが（次ページ写真）、なんとこのアリ、たくさんのタネを地表付近に捨てていた。植物のなかには、タネのなかにエライオソーム（エライオゾームともいう）という物質をもつものがある。これがアリの幼虫のにおいに似ていて、なおかつ、人間でいうゼリーのようなおやつになるらしい。そこでせっせとタネを集めて、エライオソームの部分を食べたら、あとはゴミ捨て場に捨てるのだ。タネのほうは、エライオソームがなくても大丈夫。こうやってタネは虫たちの力を借りて、移動していくこともできるのだ。

なぜこんなところから？　アリがタネを運んだからかもしれない

ほんのわずかな土さえあれば、たくましく育つ「ど根性スミレ」

スミレは外来種、在来種とたくさんの種類がある。また、園芸種が野生化していたり、野生化したものが交雑している場合もある

スミレ類の発芽

スミレのタネにはアリの好きなエライオソームがついている

通路の平板レンガをはずすと、タネがびっしりと捨てられていた

ビオラやパンジーは、園芸店で人気の高い冬場の花壇材料

ツマグロヒョウモンの幼虫は園芸種のパンジーやビオラも食害する

ツマグロヒョウモンの成虫。幼虫はスミレの仲間を食害する

セイヨウタンポポ（西洋蒲公英）

キク科タンポポ属

多年草
花期3～6月と9～11月
草丈2～15センチ
弱酸性土壌と日当たりを好む。硬い土、砂利まじりの土、よく踏み固まったところ
外来種　ヨーロッパ原産　明治時代

タンポポの綿毛がまん丸く、今にも風に飛ばされそうになっている姿は、宇宙的《コズミック》。

在来種のニホンタンポポ（日本蒲公英）は近年激減しており、明治時代にヨーロッパからサラダ用の野菜として持ちこまれたセイヨウタンポポにすっかり席巻された感もある。

だが、東京農業大学の根本正之教授によれば、最近では、セイヨウタンポポとニホンタンポポが交雑したものが多いという。ということは、純粋なセイヨウタンポポ、ニホンタンポポというのは、思っている以上に少ないのかもしれない。

固い地面でもたくましく咲くセイヨウタンポポ。日当たりを好むが半日陰でも生えてくる

見た目はそっくりなニホンタンポポとセイヨウタンポポだが、違いはいろいろある。よく、総苞外片《そうほうがいへん》の反り返りが話題に上るが、それについては67ページの写真を見てほしい。

ここでは、それ以外の違いをいくつか。

セイヨウタンポポは自家受粉でタネをつけられるので、1株からどんどん株を増やしていける。しかもタネが小さくて軽いので、広がっていく範囲が広い。そんなこともニホンタンポポを制して広がった原因かもしれない。しかも、土地の開発によってニホンタンポポがなくなったところへ、真っ先に入っていける。

こんな最強の性質をもつセイヨウタンポポだが、夏場にほかの雑草に覆われると枯れてしまう。どちらかというと、グラウンド、造成地、舗装道路など、人の手の入った都市的自然に多く見られる。

零下の朝を迎えた真冬の庭で、つぼみをつけているセイヨウタンポポのロゼットを見つけた。茎をほとんどの

ばしていなくて、ロゼットの中央にへばりつくようにしてつぼみがついていた。冬の間は、できるだけエネルギーを使わないようにしているのだろうか。それでもつぼみをつけるとは、すごい根性だ。

ニホンタンポポは、夏場に勢いのいい雑草と競っても不利とみて、葉を落として夏眠してしまう。だからか、畑や果樹園のまわり、原っぱなどの、長い間景観が変わらなかったところで群生していることが多い。

受粉しないとタネをつけられないが、自分やきょうだいの株の花粉では受粉できないという。つまりある程度の群落がないと、受粉できない。そういう生活史が、開発地でセイヨウタンポポに優占権をとられてしまう原因かもしれない。タネには、すぐに発芽するものと数カ月後に発芽するものとがまじっている。

《対処法》

タンポポの根は、ゴボウのように地中に深く入っていき、土を耕している。だからか、あまり軟らかい土の上では見たことがない。主根を最後まで掘るのは、かなり困難。根気よくやろう。

根は、健康茶のひとつ、タンポポコーヒーとして飲まれている。わが家でも、カフェインをとりたくないときに飲むが、結構おいしい。

COLUMN

絶滅危惧種

植物のなかには、絶滅危惧種になってしまうものもある。また、絶滅危惧種に指定されてはいないが、最近はあまり見ないなぁ……というものもある。たとえば、ジュズダマやオナモミ（キク科）。

私が子どもだったころ、女の子はジュズダマの実に糸を通して、ブレスレットやネックレスをつくったり、お手玉をつくったりして遊んだ。ところが、最近はとんと見かけない。また、秋から冬にかけて、オナモミを投げ合ってセーターにくっつけたものである。そこからオナモミのことを「ひっつき虫」などとも呼んだ。

いやいや、オナモミは時々見ますよ、という人がいたら、それは北米から入ってきたオオオナモミだろう。オナモミにいたっては、関東では絶滅危惧種、近畿にいたっては絶滅だという。

だが、いちばんの絶滅危惧種と言えるのは、このような自然のものを使って外遊びする子どもたちかもしれない。

つけ根にある茶色の部分が、おもりの役目をして、地面に無事着陸できるようになっている

明治時代に野菜として移入されたというセイヨウタンポポ。葉はサラダやおひたしにして食べるという

ゴボウのような長い根でしっかり大地に張りつく。根はコーヒーになり、体にもよいとされる

風が吹くのを待ってスタンバイしている丸い綿毛がなんともかわいらしい

セイヨウタンポポは総苞外片が反り返るので、横から見るとニホンタンポポと区別がつく

２月の下旬、ニホンタンポポも地際でつぼみをつけ、頑張っていた

ニホンタンポポは長い間景観の変わらなかった畑や果樹園のまわりに多い

タネツケバナ（種漬花）

アブラナ科タネツケバナ属

多年草
花期3～6月
草丈10～30センチ
適応範囲は広い
在来種

畑地や庭などでよく見る雑草だ。葉も花も愛らしいので、好きな人も多いのではないだろうか？　どこにでも生えると言われるが、日当たりのよい肥沃なところで育つのをよく見る。

タネがたくさんつくのだろうと、名前から想像していた。もちろんタネもたくさんつけるし、繁殖力もかなりあるらしいが、名前の由来は、「この花が咲くころに、タネもみを水に漬け、田んぼの準備をする」というところからついたそうだ。自然界の農事暦のような雑草だ。

だが、最近は減反で田が乾燥していることも多く、減っているという。そのかわりかどうかわからないが、空き地や庭には、乾燥に強い外来種のミチタネツケバナが増えているような気がする。

軟らかいところが好きなので、抜くのはたやすい。

スジグロシロチョウやモンシロチョウが好む。

花は真っ白で、かわいらしい

3月下旬の花壇で、ほかの園芸種に先駆けて花を咲かせるタネツケバナ

真冬の庭でロゼットで冬越し。かわいい姿に似合わず、耐寒性もあり、たくましい

タネのいっぱいつまった鞘をのばし、子孫繁栄の準備をしているミチタネツケバナ

ナガミヒナゲシ（長実雛罌粟）

ケシ科ケシ属
越年一年草
花期4～5月
草丈20～60センチ
アルカリ性土壌を好む
外来種　ヨーロッパ・地中海地方原産　昭和時代中期

「一九六一年に東京で初めて見つかった」という記述を見つけたが（『身近な野の花のふしぎ』森昭彦著）、見つかっただけで、あまりポピュラーではなかったと思う。実際、見たことはなかった。

　1999年に私がカナダへ園芸療法の視察に行ったとき、8月の終わりのビクトリア市では、道路脇や土手にたくさんのナガミヒナゲシが咲いていた。人びとからは雑草扱いされていたが、とても愛らしくて、これだったらどんなに咲いていてもうれしいと思っていた。それから4～5年たったころ、日本でもあちこちで雑草化している姿を見るようになった。「私の靴底にでもタネがついてきたのでは？」とひやひやしたが、すでに1961年に日本に入ってきていたと知り、ほっとした。

花の時期は4～5月だが、年によっては6月でも花を咲かせる

　最近では、埼玉県の山奥のわが家の近辺にまで進出してきている。多いのは、東京都福生市にある米軍基地の周辺。コンクリートの割れ目からでも生えている。アルカリ性に傾いた土が好きらしい。ところが、どうもカナダで見たときのような感動はなく、日本の空気感や景色にはちょっとそぐわないような気がする。日本には小さい花がよく似合う、と私は思う。

一度開発された草地などによく咲くが、最近では、歩道や路傍などでも多く見かける

　花弁が散ったあとに姿を現わす長い果実から「ナガミ」と名づけられたという。

ナガミヒナゲシの果実

ナズナ（薺）

別名：ペンペングサ、シャミセングサ

アブラナ科ナズナ属
越年一年草または二年草
花期3～6月
草丈10～30センチ
日当たりのよい肥沃なところ
在来種

春の七草のひとつ。ハート形の葉っぱがかわいらしく、この葉のついた茎を取って、耳元で左右に回すと、シャラシャラと音がする。

子どものころはそんな遊びをしたものだが、なんと最近は、数が減っているような気がする。春の七草としてスーパーで売られているもののなかに、ナズナではなくタネツケバナを使っているものがある。やはり数が減っているのだろうか。

日当たりのよい肥沃なところを好むが、多少の日陰でもいとわない。ナズナが多いのは畑の土質がよいからだと、有機農家の人たちからは言われている。

人里を離れると見られなくなるという。

《対処法》

根はゴボウのようで、抜きにくい。小鎌を使って、根元付近の土をほぐして取るとよい。

ナズナの群生。日当たりのよい肥沃な畑などに多い

葉っぱがユニークで、古くから親しみのある雑草のひとつ（写真／わたなべあきひこ）

マメグンバイナズナの葉は丸っこい。北米原産の外来種。ナズナと似るが別属

ネジバナ（捩花）

別名：ネジリバナ、ネジレバナ、モジズリ

ラン科ネジバナ属

多年草
花期5～8月
草丈10～20センチ
日当たりのよい草地
在来種

芝の管理をしていると、時々この花が咲いていていてハッとさせられる。小さな花をよく見ると、ちゃんとランの形をしている。

かわいいので、家で育てようと鉢に移植したが、根づかなかった。それもそのはず、ランの仲間は菌根菌との共生があるので、生えていたところから環境の違う場所へ持ってきても難しいのだ。

ネジバナと共生するラン菌は、土壌の栄養をネジバナに供給するばかりでなく、発芽を助けたり、病気に対する抵抗性を獲得したりするそうだ。

《対処法》

愛らしい姿に似合わず、抜くのは簡単ではない。地際の茎をつまんでひっぱっても、途中で切れるだけで、地下にある球根部分は残ってしまう。ちゃんとまわりの土をほぐして根っこ（球根）から抜くようにしよう。

植木鉢に移植したが、ネジバナが育つには共生菌が必要なので、翌年からは二度と出てこなかった

花は下から咲きあがっていき、「頂上に達するころに梅雨明けする」とも言われている

ノアザミ（野薊）

別名：ドイツアザミ

キク科アザミ属
多年草
花期5～8月
草丈50～100センチ
半日陰から日なたまで
在来種

とてもきれいな紫色の花に手をのばしたくなるが、葉の縁には硬いとげがあり、ふれると思わず手をひっこめる。

半日陰でも咲くが、開けていて風通しがよい場所でないと生えてこない。農薬をまくようなところには少ないので、住宅街や公園などではあまり見かけない。

見つけると、ちょっとお宝に出会えたような気持ちになる。痛いのでさわらずに、しばしながめて終わりにする。

たくさんのチョウがやってくる。とくにシジミチョウの仲間がこの花を好む。

アザミの仲間の蜜を吸うイチモンジセセリの成虫

日当たりはあまりよくなくても、開けた場所であれば群生もする

史前帰化植物のキツネアザミの花。葉にはとげがまったくないのが特徴

ノアザミの葉にはとげがあり、さわると痛い。このとげは草食動物から身を守るためとも言われている

ノボロギク（野襤褸菊）

キク科キオン属

一年草または越年一年草
花期ほぼ通年
草丈20～50センチ
やや湿ったところ
外来種　ヨーロッパ原産（アフリカ原産という説も）
第二次世界大戦後

原産地はヨーロッパで、冬をのぞいていつでも発芽し、食べられるという説と、リン酸系の毒をふくみ腹痛・下痢・嘔吐を引き起こすという説とがある。こういう場合は、やはり食べないほうがよい。

見ていると、家庭菜園やコンポストボックスのそばによく生えてくる。つまり、あまりにもやせた土地には生えてこないのだと思う。ノボロギクが生えたら、よく肥えた土だと思ってよいのかもしれない。

この草には、あまり虫はやってこないようだ。ただ、いつでも花を咲かせているので、ヒラタアブが蜜を求めてやってくることもある。

1月になって、まわりは枯れているのに、元気なノボロギク。一年中花を咲かせるものも（写真／池竹則夫）

花やタネが集まっているところが、ぼろが集まったものを想像させるからとか（写真／池竹則夫）

全体の雰囲気はシュンギクに似ている。葉は濃い緑で光沢があり、柔らかい（写真／岩谷美苗）

ハハコグサ（母子草）

別名：オギョウ、コギョウ、ホウコグサ

キク科ハハコグサ属
越年一年草または二年草
花期４～６月
草丈15～30センチ
芝地などを好む
在来種

この草は適応性が高く、いろいろなところに生えてくる。時には芝地に密生して生えてくるので、その場合は根から取りのぞかないと、芝の勢いが衰えてしまう。

芝地でなければ、そんなに神経質になることはなく、産毛の柔らかそうな葉や、かわいい黄色い花を楽しめばいい。時には、小さな花瓶に一輪ざしにすることもある。

ハハコグサに雰囲気は似ているが、ごつい感じがする草はチチコグサ。さらに、ウラジロチチコグサやチチコグサモドキというのまである。わが家でも、コンポストボックスのそばで、ウラジロチチコグサが群れている。

有機質に富んだ土が好きなのだろうか？

ハハコグサは春の七草のひとつ。また、今でこそ草もちと言えばヨモギだが、江戸時代に朝鮮半島からヨモギを入れる習慣が伝わるまでは、ハハコグサを使って草もちをつくったそうだ。

群れて咲くハハコグサは柔らかい雰囲気を醸し出す

全体が白い毛で覆われていて、野生のシルバープランツと言ってもいいかもしれない

ロゼットで冬越しし、春の到来を待っている。芝地などでは手だけでは抜きにくい

チチコグサの花。ハハコグサにくらべて茶色っぽくて地味な感じ

衰退した芝地に、コケなどとともに生える在来種のチチコグサ

チチコグサは、芝生の踏みしめられた硬い土などに生えるので、抜きにくい

チチコグサのロゼットはへばりつき、刈り込んでも残ってしまう。小鎌で根元をほぐして取る

ウラジロチチコグサのロゼット

ウラジロチチコグサは南米原産の外来種。名前のとおり葉の裏が白い

コンポスト脇に生えるウラジロチチコグサ。肥沃な土を好むのかも

チチコグサモドキは北米原産。在来種よりも増えてきているようだ

ウラジロチチコグサの根。細かい根でしっかりと土を抱えこむ

花が咲き終わったウラジロチチコグサ。花はあまりめだたない

ハルジオン（春紫苑）

キク科ムカシヨモギ属
多年草、または一年草、または二年草
花期3～7月
草丈30～150センチ
あらゆるところ、土質もあまり選ばない
外来種　北米原産　大正時代

ヒメジョオン（姫女苑）

キク科ムカシヨモギ属
越年一年草
花期5～10月
草丈30～150センチ
あらゆるところ、土質もあまり選ばない
外来種　北米原産　江戸時代末期

花期はハルジオンは春から夏まで、ヒメジョオンは春から晩秋まで。両者はとても似ているので、5～7月ごろはどちらがどちらなのか、いちばん迷う。

ハルジオンは多年草とも、一年草とも、二年草とも分類される場合もある。花期も3～7月というものもあれば、3～5月というのもあるし、6月までは咲くという場合も。ヒメジョオンも多年草と記述されているものもある。それほど個体差があるということだろうか。8月以降に花を咲かせているのは、ハルジオンではなくヒメジョオンとみてよいだろう。

ハルジオンはジオンなのに、ヒメジョオンはなぜジョオンなの?と思っていた。漢字にすると、その違いがわかる。姫紫苑ではなく、姫女苑なのだ。図鑑などで引くときは、名前に注意したい。

ヒメジョオン
生長するとロゼットはなくなる。茎は途中から大きくわかれる。つぼみは下を向かない。花は白色が多い

ハルジオン
生長してもロゼットが残る。茎は先のほうでわかれる。つぼみは下を向く。花は白色、うす紅色がある

両方とも外来種だが、ハルジオンは大正時代に、ヒメジョオンは江戸時代末期に入ってきたと言われている。ヒメジョオンのほうが少し古い。

このふたつの見わけ方は、葉っぱのつき方。ハルジオンは葉のつけ根が茎をまくように出ている。

また、ロゼットの形も違う。ハルジオンは柄《へい》がないような感じで、ヒメジョオンは柄がはっきりとある。柄とは葉の一部で、葉を茎や枝につないでいる細い柄《え》の部分のこと。葉柄《ようへい》ともいう。

また、生長したときに地際を見ると、地面にロゼットが残っているほうがハルジオン。ヒメジョオンは生長すると、ロゼットがなくなる。

さらに、ハルジオンの茎の中身は空洞でヒメジョオンはつまっている。とどめは、ハルジオンはつぼみが下にうつむく感じで、ヒメジョオンは直立している。たまに例外もあるが。

根は横にのびる。取ろうと思えば手でも抜けるが、上部だけちぎれてしまうことも

ハルジオンは受粉して種子をつくるが、ヒメジョオンは受粉せずに種子をつくる。

ヒメジョオンもハルジオンも土壌環境に対する適応力が非常に強いため、土壌の種類をほとんど選ばない。やせた土壌や酸性土壌でもよく育つ。日なたを好むが、日陰でも生えている。とにかく、どこにでも生えてくる雑草であることは間違いない。

除草剤に耐性をもっていると言われており、そのことが、どこにでも生えることと関係しているのかもしれない。つまり、除草剤をたくさんまいたことによって、どこにでも生えてくる強さを人間がつくってしまったとも言えないだろうか。しかもほかの植物の生長を抑制する物質を出す（アレロパシー）（165ページ参照）ので、どんどん増えていく。両方とも「要注意外来生物リスト」にあげられている難除雑草だ。

《対処法》

茎の下のほうをしっかり持って、真上にひっこ抜くと、土の状況にもよるが、比較的抜きやすい。育ってしまって、背丈が大きくなると、抜きにくくなる。群生しているものも、抜きにくい。

	ヒメジョオン	ハルジオン
花期	5～10月ごろまで	3～7月ごろまで
花の色	白いものが多い（例外もあり）	ピンクが濃いものが多い（例外もあり）
つぼみ	上に向いているものが多い（例外もあり）	うつむくものが多い（例外もあり）
ロゼット	生長するとロゼットを残さない ロゼットの柄ははっきりしている	生長してもロゼットを残す ロゼットの柄ははっきりしない
茎	茎は中空でない（例外もあり）	茎は中空（例外もあり）
葉のつけ根	葉のつけ根が茎をまかない	葉のつけ根が茎をまく

ブタナ（豚菜）

キク科エゾコウゾリナ属

多年草
花期6～9月
草丈50～80センチ
土質を選ばない
外来種　ヨーロッパ原産　昭和時代初期

住宅街の手入れのされていない庭などに咲いている。それも、北側の砂利を敷きつめてあるようなところに。住宅地の一角で、空き地のまま荒れている土地にもよく生えている。この繁殖力のせいか、外来生物法で要注意外来生物に指定されている。

これが庭に生えているとしたら、かなり放置してしまった庭だと言わざるをえない。

タンポポのような花を咲かすので、「タンポポモドキ」と言われる。とにかく茎が長くてひゅ～んとのびるユニークな形をしている。「ろくろっ首タンポポ」という記述を見つけ、言い得て妙だと納得してしまった。

なぜ「ブタナ」なんて名前がついたのだろう?と思ったら、フランス語の「豚のサラダ」の直訳だそうだ。

葉は地際のみで、茎にはつかないが、生育環境によって葉の形などを変化させる。

《対処法》

まっすぐひっぱれば、簡単に抜ける。だが、根が残ると、不死鳥のようによみがえる。地面にへばりつくように葉を出すので、刈り込んでも株が残ることが多い。そのため再生も早いので、根元から抜くか、こまめな刈り込みを。

ブタナのロゼット

日当たりの悪い砂利敷きでもこのとおり

ベニバナボロギク（紅花襤褸菊）

キク科ベニバナボロギク属

一年草
花期8～11月
草丈40～80センチ
日当たりのよい乾いたところ
外来種　アフリカ原産　昭和時代中期

花の色がきれいな朱色であることといい、うつむいたまま咲く花の姿といい、結構好きな草だ。

住宅地で、造成されたあと空き地のまま家がなかなか建たないところなどでよく見る。

この植物は暖地であれば、木を伐採した跡地や火事のあとの裸地などにいちばんに生えてくるパイオニア植物だ。タネは発芽する条件が整うまで、チャンスを待って土のなかで眠っている。

《対処法》

一年草なので、結実する前に地際で刈る。

ほかのキク科の雑草は黄色い花が多いが、ベニバナボロギクは朱色の花が印象的。まっすぐ引き抜くとよい

裸地にいち早く生えるパイオニア植物。ほかの植物が生えてくる環境が整うと衰退していくという

つるもの（つる性植物）

庭仕事をしていると、木やフェンスにからみつくように茂っているのがつる性植物。

風通しと日当たりを悪くして樹木の光合成を妨げたり、枝の生長を阻害したりするうえ、美観も損ねる、なかなかやっかいな存在だ。

けれども、美しい実や花をつけ、壁面緑化にも使え、ほかの雑草の繁殖を防いでくれたり、虫たちの貴重な食草であったりもする。

私たちは、そういう植物のことを「つるもの」と呼んでいる。

つる性植物に共通した対処法としては、地際で切ること。根は地面を縦横無尽に走っているものが多いので、根から完全に取るのは無理。くり返し地際で切っていると、そのうちに衰退してしまう。

また、植物にからまったつるは、すぐに取りのぞくこと。そのままにしておくと、そのうちにつる性植物が覆いかぶさるようになり、覆われた植物は光合成を阻害され、衰弱したり枯れたりすることがある。

カナムグラ（鉄葎）

アサ科カラハナソウ属
一年草
花期8～10月
草丈3～5メートル
日当たりのよいところ、窒素の多い土壌
在来種

たまに荒れた庭で見るが、どちらかというと、広々とした荒れ地や河原などでよく見る。

8～10月にかけて花を咲かせるが、その花粉が秋の花粉症の原因のひとつになっているという。

《対処法》

とげがあるうえに、からまり合って、草取り泣かせの草。とげが痛いので、皮手袋をして、花をつける前に地上からひっぱって取る。

カナムグラは雌雄異株。これは雄花。ビールの原料ホップに似ているという（写真／遠山勉）

ぐいぐいとのびていくつる。茎には丈夫なとげがあり、痛い。草取りのさいは皮の手袋を着用したほうがよい

キタテハの成虫。幼虫はカナムグラを食草とする

ナミテントウの蛹。成虫はカナムグラにつくアブラムシを捕食する

葉は掌状。富栄養化した場所で繁茂しやすい（写真／池添トモ子）

カラスウリ（烏瓜）

別名：汗知らず

ウリ科カラスウリ属

多年草
花期7～9月
草丈3～5メートル
やぶ、林縁
在来種

カラスウリの真っ赤な実を見ると、手をのばして取りたくなる。部屋に飾っておくと、すてきな山の贈り物のよう。部屋をぱあっと明るくしてくれ、素朴な懐かしさも感じさせてくれる。

花は咲くのに赤い実がちっともならない、という相談を受けたことがある。じつはカラスウリには、雄株と雌株があり、雄株にも花（雄花）は咲くが、実がなるのは雌株に咲く雌花だけ。（だから、花言葉に「男嫌い」というのがあるのだろうか？ 定かではないが……）。庭にあるのが雄株だけでも、幻想的な夕暮れの開花ショーを見られるなら、それだけでも幸せだ。

名前から、カラスの好物かと思う人もいるが、じつはカラスはこの実を好きではない。カラスどころか、鳥に食べられた跡をあまり見たことがないので、鳥にとってはあまりおいしくないのかもしれない。

ちなみに植物名に「カラス」がついている場合は、「大きい」ことを意味しているのだそうだ。

タネの形が猫の肉球に似ていると思うのは、私だけだろうか。打ち出の小槌《づち》に似ているからと、財布に入れて、金運を願う人もいる。

あの大きな実が地面に落ちて、タネを大地にまき散らしても、花が咲いて実がなるのは、2～3年目。

やぶのなかにぶら下がる赤い実は、ひときわめだつ

実は冬場の部屋の装飾にもうってつけ。葉は枯れても、実はかなりもつ

秋が深まると、つるを地下に潜らせて、その先に養分を蓄える。そして、翌年の発芽に備えて塊根《かいこん》をつくる。塊根のでんぷんを、昔は食用にしたらしい。

別名の「汗知らず」は、昔、あせも止めに使われたからだという。

トホシテントウはナス科の植物を好むが、カラスウリの葉も食べる。ほかにも、クロウリハムシの食草でもある。

《対処法》

カラスウリは、通常、ある程度手入れをしている庭なら生えてくることはない。生えてくるとしたら、空き家になって長年放置されてしまった庭などの場合が多い。庭であまり頻繁に見ることはないので、もし育っていたら、ラッキーとも言えるが、ある意味、庭の管理ができていないということでもある。もし生えてくるとしたら、庭の管理についてご一考を。

庭では、それなりに人の手が入るので、普通は増えすぎて困ることはあまりない。

これ以上増えたら困るという場合は、実をはじけさせない、落下させないうちに、取ってしまうことだ。

雄花は花のつけ根に膨らみがない（写真／吉川久美子）

カラスウリには雌雄の株があり、これは雄花（写真／吉川久美子）

個体によって葉の形態も微妙に異なる（写真／池添トモ子）

夜行性のガに受粉してもらうため、花は夜咲く（写真／吉川久美子）

タネは「打ち出の小槌」に似る。財布に入れると金運が上がるとか

まだ未熟な実。「うりぼう」とも呼ばれる（写真／池添トモ子）

カラスノエンドウ（烏野豌豆）

別名：ピーピーマメ、シービービー

マメ科ソラマメ属
一年草または越年一年草
花期3～6月
草丈10～30センチ
日当たりのよいところ
在来種

つるといっても、ヘクソカズラやヤブガラシのような、ほかの植物を覆ってしまうほどの繁殖力ではない。地際でちんまりと生えている。

「シービービー」と呼ぶのは実のなかに入っている豆を取りのぞいて、鞘のつけ根を少しちぎり、とがったほうを口にくわえて吹くと「ビービー」と笛のような音がするからだ。別名のピーピーマメも同じ意味からついた名前だろう。

花も葉もつるのまき方も、どこかほほえましく、一輪ざしに生けても味のある雑草である。

名前の「カラス」は、「スズメノエンドウよりも大きいから」という説と、「鞘と豆が完全に熟すと真っ黒になり、カラスに似ているから」という説がある。

葉の柄《へい》の部分に花外蜜腺《かがいみつせん》をもっていて、アリをボディーガードに雇って外敵から身を守ったり、アリに受粉させたりしている。しかも根粒菌と共生していて、空気中の窒素を土に固定するので、土にすきこむと緑肥《りょくひ》になる。

マメ科らしい小型のスイートピーのような花に、雑草であることを忘れてしまう

群生しても、丈はさほど大きくならないので、グラウンドカバーとしても使える

葉のつけ根に赤褐色の花外蜜腺があり、葉を食べる虫をアリに捕食してもらう

茶色の穴のようなものが花外蜜腺。蜜を出してアリをボディーガードに呼びこむ

クズ（葛）

マメ科クズ属

多年草
花期7～9月
草丈約10メートル
どこにでも生える
在来種

世界の外来侵入種ワースト100選定種のひとつ。北米では除去すべき侵略的外来種（ペスト・プランツ）とされている。堤防や法面《のりめん》の土留め対策や家畜の飼料として日本から移入され、最初は喜ばれたが、今では侵略的外来生物として、対応に追われているという。

日本でも、造成地と山林の境などにクズが繁茂しているのを見かけることがあるが、虫に食べられたり、人間がこまめに刈り取ったりするからなのか、それが問題化しているという話は聞いたことがない。

あまり庭で見ることはなく、山すそや河原などに生えている。

小葉が3枚で1枚の葉。大きさは大小ある。根は非常に深く除去困難だが、漢方の葛根湯の材料にもなる

10mにもなるクズのつるが庭に生えるようでは、庭の管理の仕方を根本的に考える必要がありそうだ

クズの茎を吸汁するオジロアシナガゾウムシ（右）は、クズクキツトフシという虫こぶ（虫えい）（左）をつくる

葉ばかりめだつので、花にはめったにお目にかかれないが、とても気高くて美しい

ノブドウ（野葡萄）

ブドウ科ノブドウ属

つる性落葉低木
花期7〜8月、果期9〜10月
草丈約3メートル
日当たりがよく、そばにからみつくことができるものがあるところ
在来種

秋になると五色の宝石のような実をつける。だが、切って飾るとすぐに色あせる。野にあってこその美しさなのだろう。お客さんには「増えすぎると困るので、除草はしてほしいけれど、全部取らないで少しだけ残しておいて」と言われる。幸せ者の草だ。絵を書く人、写真を撮る人には、かっこうの被写体となるだろう。

じつは、ノブドウは草ではなく低木。果実を食べるためにブドウを庭に植える人もいるが、あれと同じ仲間だと思えば、草ではないことがわかるだろう。だから、ほんとうは雑草や山野草の仲間には入らない。葉はコスズメの幼虫の食草。

通常の実は赤紫でまん丸だが、ノブドウミタマバエによって青や紫で形も変形する虫こぶ「ノブドウミフクレフシ」になる。虫こぶには幼虫がいるため食べられない

コスズメの幼虫（緑色型）

ノブドウは葉の形に変異が大きく、深い切れこみが入るものもある（写真／わたなべあきひこ）

ヒルガオ（昼顔）

ヒルガオ科ヒルガオ属
多年草
花期6～9月
草丈1～2メートル
日当たりのよいところ
在来種

ヒルガオはつる性で直立性の草や低木によくからみついている。タネはほとんどつかず、地下茎で増える。ものすごくタフな雑草で、開発などで土を移動したさい、土のなかに地下茎が少しでも残っていれば芽が出てくるという。

万葉集にも歌われたほど、古くから日本にあり、花がかわいいので、愛でられたという。

そのほか、園芸用に持ちこまれたアサガオやマルバルコウソウなどが、最近雑草化しているという。こういった外来種は、概して繁殖力が強いので、栽培するときは、くれぐれも気をつけてほしい。

無機質なフェンスを和らげてくれるアサガオだが、くれぐれも雑草化しないよう、管理には気をつけたい

ヒルガオの花。よく似たコヒルガオの花と葉はやや小ぶり（写真／池添トモ子）

雑草化し、畑を覆いつくして収穫を妨げていると問題になっているモミジルコウ

人気が高い園芸種「ヘブンリーブルー」は昼ごろまで花を咲かせるので、壁面緑化でよく使われる

ヘクソカズラ（屁糞蔓）

別名：ヤイトバナ、五月女蔓

アカネ科ヘクソカズラ属

多年草
花期7〜9月
草丈2〜3メートル
日当たりのよい空き地、駐車場、フェンスや金網
在来種

古くは屎《くそ》蔓《かずら》という名前で、万葉集にも詠まれているというから、ひどい名前は筋金入り。別名のヤイトバナとは、花の芯がお灸の痕に似ているから。

意外なのは「五月女《さおとめ》蔓《かずら》」という別名。この名前なら、もう少し愛されたかもしれないのに。

葉をもんだり、除草のさいちゅうにひっぱって切れたりすると、なんとも言えない臭いにおいを出す。

庭の手入れを怠ると、かなりの頻度で生えてくる。

人間からは嫌われる雑草だが、よく見ると、ヘクソカズラはホウジャクをはじめとするいろいろな虫たちに好かれているようだ。真夏は、春のようにいろいろな種類

花の芯がお灸の痕に似ているから「ヤイトバナ」の別名も。よい香りなら、もっと愛でられただろうに

花言葉は「人嫌い」や「誤解を解きたい」。ごもっとも

ホシホウジャクの幼虫はヘクソカズラを食草とする

黄褐色に色づいていく実はつややか。この実を乾燥させると、しもやけやあかぎれの薬草になるという

の花が咲かないので、夏でも元気なヘクソカズラの花は、アシナガバチやハナアブなど、蜜を集める虫たちの大切な餌となっている。葉っぱを食べるのはホシホウジャクの幼虫。スズメガの幼虫たちの大事な食草ともなっている。

「ヘクソカズラツルフクレフシ」は、ヒメアトスカシバがつくる虫こぶのこと

冬の剪定仕事で、枯れたつるを樹木から取りのぞくと、虫こぶ（「虫えい」とも呼ばれる）ができていた。つるのにおいをかぐとヘクソカズラに間違いない。これは「ヘクソカズラツルフクレフシ」という虫こぶで、つくったのはヒメアトスカシバ。スカシバの仲間も虫こぶをつくることを知り、驚いた。

実は熟すと黄褐色になり、成分に抗菌作用がある。昔は、熟した実を潰して汁を直接塗るか、ハンドクリームにまぜて、あかぎれやしもやけの薬として使ったそうだ。葉っぱをもみ出した汁は虫刺されにもよい。

《対処法》

とにかく見つけたら、ひたすらひっぱって取ること。根は地表に広くのびていて、すべて取るのは困難。葉で光合成をするので、くり返し地際から取っているうちに、だんだん少なくなってくる。

ほかの木にからみついて、光合成を阻害しないように、庭をよくチェックし、高いところまでまきついてしまわないよう、早め早めの対処をすること。

COLUMN

あんまりなネーミング

雑草には、時として「そりゃ、あんまりじゃないの…？」という名前がつけられている。オオイヌノフグリは犬の陰嚢のことだし、毒を下すからドクダミというのに、まるで毒があるかのようなネガティブな響きにも聞こえる。ハキダメギクの掃きだめにいたっては、「ごみ捨て場。ごみため」である。

ヘクソカズラも相当ひどいと思ったが、ママコノシリヌグイには仰天した。ミゾソバに似たかわいい花が咲くが、茎にあるとげで尻をふくほど継子を虐待したということなのだろうか？　しかし、その名前とは裏腹に、たくさんの昆虫たちを蜜で養うやさしい母のような草なのだ。

ヘデラの仲間（アイビー）

ウコギ科キヅタ属

つる性常緑低木
草丈1・5～30メートル
明るい日陰
キヅタは在来種、オカメヅタやセイヨウキヅタは外来種

ヘデラ類は雑草ではなく、人間が人為的に植えるものであるが、「オカメヅタやセイヨウキヅタを、雑草よけとして庭に植えたのはいいが、その後、勢いがついてしまい、管理を少しでも怠ると、家まで凌駕されそうな勢いでほんとうに困っている」という相談をよく受けるので、取り上げた。

ヘデラ類は、扱い方を誤ると、雑草に勝るとも劣らない勢いで、人びとを悩ます。時には、エアコンの室外機の隙間に潜りこみ、壊してしまうことも。

冬でも葉が枯れないという点はいいのだが、夏に茂らせると庭が暑苦しくなるので、時々間引きして、適度に風通しをよくし、家の壁に張りついたり、隣家にのびていかないように注意したい。

家の裏側など目につかないところにある室外機は、ツタ類で壊れることもあるのでご用心

塀の裏側から登ってきた常緑アイビーが、表にたれ下がって茂っている

レンガの壁に直接這わせたオカメヅタ。常緑なので、冬でもグリーンが楽しめる

壁に張りついたアイビーを取っても、ひげ根のようなものが残ってしまい美観が損なわれる

家の壁に張りつくと、通気性が悪くなるのと、植物の水分で木造建築の家は傷む。

欧米にはツタのからんだ建物がよくある。石やレンガで造られた建造物の場合は、植物が紫外線による劣化や風雨を防いでくれる。ツタをからませたい場合は、根本的な家の構造から考えなくてはならない。

日本の場合、家の壁から浮かせて張ったネットに這わせる方法がよくとられるが、ネットがあると壁のメンテナンスができない。また、ネットだと、ツタはなかなか這っていかず、覆われるまでに時間がかかる。

《手入れ法》

いい感じに茂ってきたころから、毎週一度ぐらいは「ツタの日」と決め、混み合わないようにのびすぎたつるの間引きをすること。結局は、それが日当たりと風通しを確保し、ツタの病虫害を減らすことにもなる。

秋になると紅葉し、寒くなると葉を落とす落葉性のツタもある。冬の美観はあまりよくない

COLUMN

雑草がテーマの庭、映画「グリーンフィンガーズ」

更生刑務所という比較的自由な開放型の刑務所で、受刑者を対象に「エデンプロジェクト」という園芸療法が行なわれている。このプロジェクトは、実際にホームレスの人や受刑者に対して行なわれているが、「グリーンフィンガーズ」という映画ではまさしくそれを取り扱っている。

主人公コリンは、実の弟を殺してしまい、家族からも見捨てられ、自暴自棄になっていた。そんな彼が、ほかの4人の男たちとともに、やったこともない庭づくりを刑務所の所長にまかされる。コリンは、最初はバカにしていたが、しだいに花づくり、庭づくりの才能を開花していく。作業のなかで、受刑者仲間とのきずなは強まり、最終的には英国王立園芸協会主催のフラワーショーに出品。会場の観賞者たちからの評価は高いが、はたして金賞をとることはできるのか⁉　そして、最後に待ちうける驚きのどんでん返し！

ストーリーもさることながら、この受刑者たちのつくった庭のテーマが「野生の草花がちりばめられた高速道路の土手」。さすが庭好きの英国人。雑草や野草の美しさをわかっている！と、ストーリー以外のところでも感心しきり。

ちなみに、グリーンフィンガーズ（緑の指）とは、植物を育てる才能のある人のこと。心温まるおススメの映画だ。

ヤブガラシ（藪枯らし）

別名：ビンボウカズラ（貧乏蔓）

ブドウ科ヤブガラシ属

多年草
花期6～9月
草丈2～3メートル
どこでも。日陰で芽を出し、日なたに向かってのびていく
在来種

仕事では、いろいろな事情があって手入れの行き届かない家に行くこともある。そんなとき、必ずといっていいほど出会う草がヤブガラシである。

そばにある木にからみついて高いところで葉を茂らせている。それを何本もひっぱって手に集めて持っていると、まるで船上の旅人と岸壁の見送りの人がたくさんの紙テープでつながれている昔の映画のワンシーンのよう。

初めてこの草を見たとき、葉っぱの形状に驚いた。すべて大きさの違う5枚の葉がひとつになっていて、まるで鳥の足のようだ。ほとんどの植物の葉は、左右ほぼ対称の形をしているのに、こんなに左右非対称な葉っぱっ

無人の家の壁を勝手に壁面緑化

葉は大きさが違う５枚からなる鳥足状。樹木に這い上り、光合成を阻害して弱らせてしまうことも

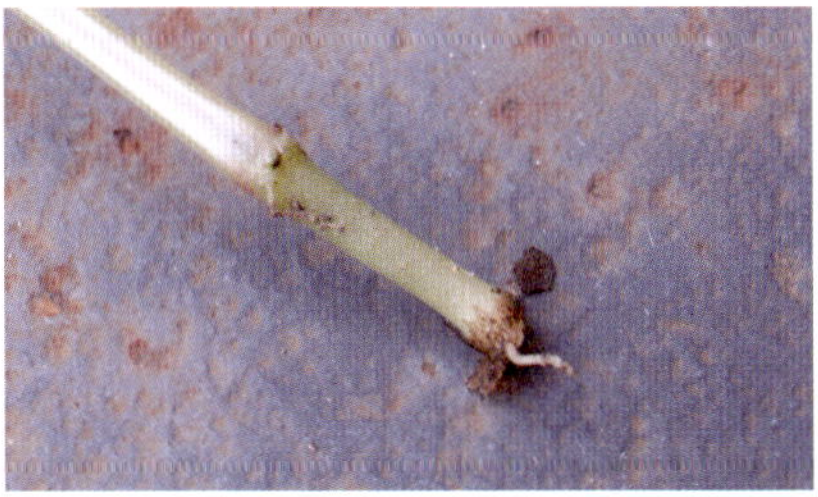

地下茎を掘ろうとしても、途中でちぎれてしまい、完全除去は難しい。地際から根気よく刈りつづける

花は砂糖菓子のようにかわいい。花を目当てにハチ類、アリ、ハエ、チョウの仲間など、多くの虫が訪れる

て、見たことない！　花は多く咲くのに、自家受粉ができず、ほかの株の花粉が必要なので、雑草にはめずらしく、あまり多くのタネをつくれないらしい。そんな弱点をカバーするのが、地下茎。じつに浅いところで、地下茎を横へ横へとのばしている。

花には、オオフタオビドロバチの成虫がやってくる。また、葉はコスズメの幼虫の食草でもある。そのほかにもマメコガネなど、さまざまな虫たちに貢献している雑草だ。

別名の貧乏蔓というのは、「貧乏な家に生える」という意味ではなく、「手入れが行き届かないと生える。庭の手入れもできないようでは、そのうちに貧乏人になってしまいますよ」と、警告しているのだそうだ。

《対処法》

地下茎を掘ろうとしても、途中でちぎれてしまい、完全除去は難しい。わずかでも地下茎が残ればどこからでも再生する。取ると決めたら地際から根気よく刈りつづける。

ヤブガラシを食草とするセスジスズメの幼虫も、スズメガの仲間

ヤブガラシのつるにつくカマキリの高層住宅

コスズメの幼虫（褐色型）はヤブガラシを食べて育つ

ヤブガラシの蜜を求めてきたアゲハチョウ（写真／佐藤浩一）

トビイロトラガの幼虫の食草もヤブガラシ

まるでヘビのようなビロードスズメの幼虫はヤブガラシが大好き

ヤマノイモ（山の芋）

別名：自然薯《じねんじょ》

ヤマノイモ科ヤマノイモ属
多年草
花期7〜8月
草丈1〜2メートル
半日陰や日陰のやせた土地
在来種

たまに、庭でもヤマノイモに出会うことがある。ヤマノイモだとわかるのは「むかご」をつけているとき。むかごご飯にしたり、そのまま食べてもおいしい。

葉っぱがオニドコロに似ているが、丸いハートがオニドコロ、細長いハートがヤマノイモ。

ナガイモは中国原産で、すりおろすとヤマノイモよりも粘りが弱い。栽培用なので、本来は山野に自生することはないとされていたが、最近では野生化しているという。

《対処法》

食用のための山芋掘りがたいへんだと農家の人が言うぐらい、根からの防除は困難。生えてきたら小さいうちに地際で切る、切る、切る、切る……をくり返し、衰退させる。

ヤマノイモは雌雄異株でこれは雄花。花は丸っこく、これ以上開かない

むかごは生でもおいしい。これはタネではなく、ヤマノイモのクローン。地面に落ちれば芽が出る

ヒメドコロの花。全体の雰囲気がヤマノイモに似ている

庭でよく見る枯れたヒメドコロの果実は、まるで森のオブジェのよう。リースの素材にしても個性的で面白い

そのほかの雑草

イネ科でもなくつる性でもないが、地際から葉が出るのではなく、茎の途中から葉が出ているもの。葉っぱは小さいものから大きいものまであるが、草刈り機をかけた場合に、地際に葉が残らないもの。

また、葉が地際から出ていても、地面にべったり張りつくようなものではなく、立ち上がっているので、草刈り機で払うと、上部がなくなってしまうものもこのタイプに入っている。

なお、オオイヌノフグリ、ヒメオドリコソウ、ホトケノザ、ナズナ（ナズナは「丸っ葉」の項参照）、ハコベなどがバランスよく生えている畑は、土の状態も良好だという有機農家は多い。

アカザ（藜）

アカザ科アカザ属

一年草
花期9～10月
草丈60～150センチ
畑地、荒れ地、空き地
在来種

シロザ（白藜）

アカザ科アカザ属

一年草
花期9～10月
草丈60～150センチ
畑地、荒れ地、空き地
在来種（史前帰化植物）

こんなにアカザと出会うのが難しいとは思ってもみなかった。シロザは時々見るのに、アカザは皆無である。20年ぐらい前は、シロザより数は少ないとはいえ、もう少し見かけたものだった。アカザは減っているのだろうか？　それとも場所によっては、まだまだたくさんあるのだろうか？

昔は、アカザから杖をつくり、重宝がられたと言われている。

なかなか存在感のある姿かたちをしている。頭頂部が赤いものがアカザ、白いものがシロザ。

秋になると、大きな株では、1株にシロザで20万個、アカザで30万個のタネをつけるという。しかもタネの寿命は長く、シロザで30年以上ということが知られている。

いっせいに発芽せず、毎年少しずつ発芽していく。発芽したては小さく、生長に時間がかかるが、ある程度発育するとその後の生長は早い。このように毎年少しずつ発芽することも、数が少ない理由のひとつだろうか。

『土と雑草』（ジョセフ・A・コカヌア著）によると、アカザは、大根・ニンジンの生育を助け、トマト畑では虫の食害を防ぐという。花壇では、シロザもコンパニオンプランツとして、活躍してくれるそうだ。

シロザやアカザを食べるのは、カメノコハムシ。庭ではカメノコハムシがシロザやアカザを食べても、ほかの植物を食害することはないので、別に気にすることはないが、農作物では、アカザ科のテンサイの葉も食べる。

《対処法》

生えてほしくない場合は、小さいうちに抜くと簡単。大きくなると根をしっかり張ってくるので、抜くのは困難になる。だが、シロザやアカザは荒れ地や空き地に生えるというから、庭にあったら手入れが足りないということかも。

COLUMN

見なおされる在来種の植物

これまで河川や道路などの緑化に外来種の植物が使われてきたが、それを在来種に切り替えようという動きも出てきた（東京新聞２０１０年７月５日付）。今まで使われてきた緑化植物のうち、「要注意外来生物」に12種類があげられたこともあり、総合的な検討を進める方向にある。

ただ、外来種の侵入により衰退している在来種も多く、「すべてを在来種で」となると、なかなか緑化が進まないという面もあるらしい。

今後、在来種を見なおす動きが高まり、安易に外来種を移入しないような流れが、雑草からつくられていけば、園芸種の世界もまた、変わってくるかもしれない。

アカザは頭頂部が赤くなる（写真／池竹則夫）

アカザは風媒花なので、アレルギーの原因となる（写真／池竹則夫）

アカザの茎は木質化して抜きにくい（写真／池竹則夫）

シロザは１株で 20 万個のタネをつける。タネの数はアカザより少ないが、なぜかシロザのほうをよく見かける

生長しているシロザ。芽が出たてなら抜けるが、生長してくると、簡単にはいかない

アカバナユウゲショウ（赤花夕化粧）

別名：ユウゲショウ（夕化粧）

アカバナ科マツヨイグサ属
多年草
花期5～9月
草丈20～60センチ
開けた風通しのよいところや道端
外来種　南米から北米南部原産　明治時代

ちょっとはかなげに風にそよぐ、ピンクの花が可憐。お客さんのなかにも、「かわいいから取らないで」と言う人が多い。

夕化粧という名前がついているが、夕方から咲く、というわけではなく、朝のうちから咲いているのをよく見かける。

かわいい姿にほだされて、ついつい抜かないでおくと、どんどん増えていく。植えたおぼえがないのに、同じ地域の端のほうからだんだんと勢力を拡大してきて、とうとうわが家にもお目見えした。温暖な地域からの外来植物だそうだが、私たちが住んでいる地域は関東といえども朝晩は冷えるので、適応力はかなり広いとみた。

かなり適応範囲が広いらしく、どんどん勢力をのばし、群生していることも

抜くのは容易だが、コンクリートの割れ目や、ブロックの隙間からでも生えてきて、見かけに似合わずしぶとい。

そういえば、夕方から咲くオシロイバナのほうは、都心に近い住宅地ではあまり見かけなくなった。子どものころ、タネを潰してお化粧の粉に見立てて遊んだものだ。遊びと言えば、ジュズダマやオナモミもほとんど見かけない。子どものころに遊んだ身近な植物たちが姿を消していくのは、さびしい。

かわいい姿に似合わず、平板の隙間からたくましく生えている

イヌホオズキ（犬酸漿）

ナス科ナス属
一年草
花期8〜11月
草丈30〜60センチ
あまり場所を選ばない
在来種

イヌホオズキは、あまり名前や存在が知られていないが、結構あちこちに生えている。もし家庭菜園に生えていたら、かなりラッキーである。なぜならナス科を食害するオオニジュウヤホシテントウやルイヨウマダラテントウはイヌホオズキが大好物。トマトよりもこちらを好むという報告もある。また深根性なので、根が土を耕してくれ、畑や花壇の植物の生育をうながす。ただし、人間にとっては有毒植物なので、気をつけてほしい。

外来種のオオイヌホオズキはそっくりで、アメリカイヌホオズキの花は紫がかっている。葉と茎にとげがあり、さわると痛いところから名前がついたワルナスビというのもあり、これもイヌホオズキに似ているらしい。

イヌホオズキの実（写真／Marli Tanabe）

在来種のイヌホオズキは、実や花が一点から出ずに少しばらけた感じがある（写真／Marli Tanabe）

ナス科が食草のルイヨウマダラテントウは、オオニジュウヤホシとともにイヌホオズキを食害する。左は蛹

オオイヌホオズキは南米からの外来種。イヌホオズキにそっくりだが、花や実のつき方が少し違う

イノコヅチ（猪子槌）

ヒユ科イノコヅチ属

多年草
花期8～10月
草丈50～100センチ
ヒカゲイノコヅチは日陰の湿ったところ、ヒナタイノコヅチは日なた
在来種（史前帰化植物）

ヒナタイノコヅチというものもあり、それと区別するために、ヒカゲイノコヅチと称する場合もある。

花も緑色でめだたない草のため、今まであまり気づかなかった。だが、飼い猫の体にいつもくっついているタネがあり、調べてみるとイノコヅチ。目を凝らせば、わが家の周辺、それも駐車場や隣家との境など、日当たりの悪いところに地味に生えていることが判明。

タネの仕組みが面白く、2カ所にクリップのようなものがついていて、しっかりくっつく。

名前の由来は、茎の太くなった節の部分が、イノシシの子どものひざに似ていることからきたらしい。

葉は柔らかくて、きれいな形をしている

8～10月に花が咲くが、あまりめだたない

群生するイノコヅチ。これだけ茂っているのにあまり存在感がない

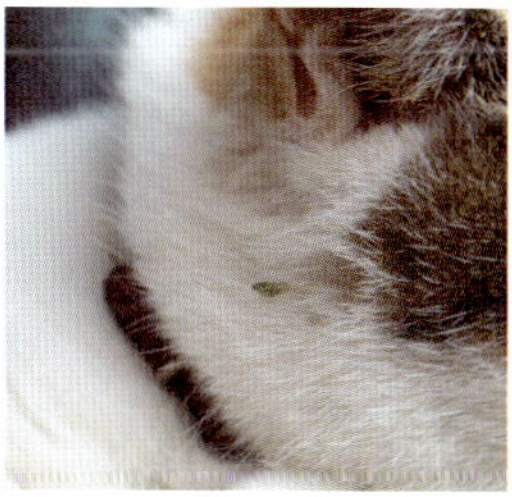
猫の顔につくタネ。体のあちこちにこのタネをつけて帰ってくる

タネはクリップ状で動物の体について散布される。白いのは猫の毛

地味なわりに、タネの形状はかなり計算されつくしている

オオイヌノフグリ（大犬の陰嚢）

別名：ルリカラクサ（瑠璃唐草）

ゴマノハグサ科クワガタソウ属

一年草または二年草
花期2～6月
草丈10～25センチ
日当たりのよいところをとくに好むが、開けていれば日陰でもOK
外来種　ユーラシア・アフリカ原産
明治時代前半

私たちが住む地域は関東でもかなり寒く、東京都内からきた人はもちろん、同じ市内に住んでいる人でさえも「寒い！」を連発する。そんなわが家の庭だが、2月でも暖かい日が続くとオオイヌノフグリの花が咲く。するとヒラタアブの成虫が蜜を求めてさっそくやってくる。この花は真冬のヒラタアブの貴重な蜜源になっているのだ。ヒラタアブの幼虫はアブラムシを食べてくれる。

春、もっとも早い時期に花を咲かすわけは、背丈の低さにある。ほかの草が繁茂する時期は、競争に負けて覆われてしまい光合成ができない。だから、ほかの草が日

春の陽をあびて群生するオオイヌノフグリ。近年、在来種のイヌノフグリは稀少

暖かい地域であれば、花は2月ぐらいから咲いていて、そこにヒラタアブが蜜を求めてやってくる

オオイヌノフグリは土壌の質を選ばずにどこでも生えてくるが、日当たりのよいところが好き

タチイヌノフグリはヨーロッパ原産の外来種。オオイヌノフグリより茎が高く立つ（写真／玉木真理子）

覚めない早い時期から活動を始めるのだ。そういえば、2月の庭では、小さな花があんなにめだつのに、いろいろな草が茂ってくると、いつの間にやらめだたなくなる。

　日当たりのよいところが好きだが、私たちの観察によると、日陰でも開けた風通しのよい場所なら、結構生えている。

　最近、ひとつの花が3日間ぐらい咲いていることがわかったらしい。昼の10時間ぐらいの間に虫に花粉を運んでもらい受粉する。惜しくも、虫の訪れがないまま夕方になってしまった花は、花弁を閉じるときに雄しべを曲げて自家受粉する。

　言わずと知れたフグリとは男性の陰嚢のこと。花を見て、どこが陰嚢なんだろう?と思っていたが、それは花ではなく、果実だったのだ。

　オオイヌノフグリは外来種で、在来種はイヌノフグリ。イヌノフグリは近年見ることが難しく、オオイヌノフグリにその座を譲った感がある。

オオイヌノフグリの果実

オオオナモミ（大葈耳）

キク科オナモミ属

一年草
花期8〜10月
草丈50〜200センチ
道端や河原、ため池、川べりに生育
外来種　北米原産　昭和時代初期

　オナモミはほとんど見られなくなり、今見られるのはほとんどがオオオナモミ。

　「ひっつき虫」と言われ、タネが生きものについて運ばれる代表格。先端が曲がった鉤《かぎ》状になっていて、子どものころはセーターに投げ合い、くっつけて遊んだものだ。

　植えないかぎり、庭に自然な状態で生えてくることはあまりない。

ひっつき虫の王者、オオオナモミ。セーターによくくっつく。今や在来種のオナモミはほとんど見られない

オシロイバナ（白粉花）

オシロイバナ科オシロイバナ属
多年草または一年草
花期は7～11月
草丈60～100センチ
日当たりのよいところ
外来種　南米原産　江戸時代中期

この花を見ると、子どものころを思い出す。ラッパのような派手な色の花は、懐かしい友人に出会ったような気分にさせられる。子どものころ、種子を割って、なかの白い粉をおしろいにして遊んだからかもしれない。

最近は、昔ほど見ないような気がするのは、住宅が混み合ってきて日なたの場所が少ないからなのか、昼間咲かないのではつまらないと抜かれてしまうのか。それとも、最近の子どもたちは、オシロイバナなどで遊ばないから？

夕方からしか花を咲かせないくせに、生えるのは日当たりのいい場所。夕方咲くことで、夕方から活動するスズメガたちの蜜源となるようだが、オシロイバナは虫が

ひとつの花で半分ピンク、半分黄色もあれば、絞りや単色もある

日中に花が咲けば、もっと大事にされるのかもしれない

日が昇るとしぼむオシロイバナの花。11月ごろまで咲いている

まだつぼみもできず、生育中のオシロイバナの葉

タネを割ると白い粉状のものが入っている

花が終わると丸くて黒いタネができる

こなくても自家受粉するので、なぜ夜咲くのかは、いまだにわかっていないらしい。

花の色には、紫がかった濃いピンク、黄、白があり、なかには、これらの色が絞りになったり、混合して咲くものもある。

COLUMN

畦の雑草

今は、コンクリートでつくられるようになってしまった畦。昔は田んぼと田んぼの境は、土を固めて小さな土手にして仕切りにしていた。そして、それが崩れないように雑草は短く刈り残して、土留めにしていた。

また、土手や畦には彼岸花や枝豆（大豆）を植えていた。彼岸花は有毒の植物だが、根を洗えば非常食になり、江戸時代の飢饉のときに生き残った村では、この花が畦に植えてあったという。かぼちゃを植えていたという話もあり、そこから「土手かぼちゃ」という言葉が生まれたという説も。

有機農家の田んぼを訪れ、カエルやたくさんの虫たちに出会える畦を歩くと、ほっとする。雑草を敵にしない農法がもっと広まればと思う。

オランダミミナグサ（和蘭耳菜草）

ナデシコ科ミミナグサ属

越年一年草、二年草、多年草諸説あり

花期4～5月

草丈10～60センチ

日当たりのよいところ

外来種　ヨーロッパ原産　明治時代末期

日当たりのよい軟らかい土などによく生えている。柔らかい感じの葉で小さくて地味なので見過ごしてしまいがちだが、白い小さな花はよく見るとかわいい。名前は、葉がネズミの耳に似ているところからついたという。

《対処法》

抜くのは簡単だが、全体に毛が生えていて、軍手にくっついてくる。

オランダミミナグサの花

生え方の似ているものにコハコベがある

カラムシ（苧、枲）

イラクサ科カラムシ属

多年草
花期7月後半～10月
草丈60～150センチ
土手、小川のほとり、草地に群生
在来種（史前帰化植物）

この草のカラ（茎のこと）を蒸して繊維を取ったことから、この名前がついたと言われている。

カラムシは人家のそばの小川のほとりなどに群落を形成していることが多いそうで、わが家はまさしくそのような場所。小川の土手に、これでもか！というぐらいに生えている。庭では、あまり見たことがない。

この草には、ラミーカミキリという、模様が面白く、色もきれいな小型のカミキリムシがよく見られる（ラミーとは、中国、ブラジル、フィリピン、インドネシアなどで栽培されているイラクサ科の植物で、繊維を取る）。

この虫は、外来種だそうだが、もともとは西日本に棲みついていた。それが、近年は北上してきていて、わが家の近くでも、普通に見られるようになってきている。冬季の平均気温が4度以上あれば、定着できるらしく、山間部にあるわが家も、だんだん暖かくなってきているらしい。

似た草には、イラクサ、アカソがある。

7～10月ごろ、めだたない花が咲く

葉は柔らかく、日の当たる日中はしおれている。昔は繊維を取ったという

ヤガの仲間クロキシタアツバの幼虫は、カラムシの葉を食べる

ラミーカミキリは外来種で、西日本にしかいなかったが、最近では関東でもよく見る

キツネノマゴ（狐の孫）

キツネノマゴ科キツネノマゴ属

一年草
花期8～10月
草丈10～40センチ
日当たりのよいところを好むが、日陰でも開けていれば生える
在来種

時々、名前を「キツネノゴマ」と間違える人がいる。その言い分は「花がゴマの花に似ている」というもの。なるほど、と思う。名前の由来は、花穂《かすい》の形を狐の尾に見立て、小さな花をまとわりつく孫にたとえたという説と、由来がまったくわからないという説とがある。

大型雑草が少ないところに生えてくる。じつにつつましい雑草だ。そのせいか、いろいろな雑草の本を見ても、「非常に地味」としか書かれていないことが多い。たしかに小さいのでめだちにくくはあるが、存在に気づいてひとたび名前をおぼえると愛着がわく雑草である。キュウリグサやタネツケバナとともに花束にしたら、ミニチュアサイズのかわいいものになるだろうと想像してみるが、花期が違うので、それはかなわぬ夢。

群生することはなく、いろいろな雑草の間からちょこちょこと顔を出して生えている、分をわきまえた雑草だ。背もそんなに高くならないので、残しておくことが多いが、気になれば抜くのはさほど難しくない。

大型雑草の少ないところに生えてくる。草丈 10～40 cm で、葉も大きくない

花はかわいいのに、小さくてめだたず、雑草界での注目度は低い

めだたないまま花が咲き終わり、抜かれずにすむ。そうやって生き残る

8～10月ごろピンクの花をつける。花がまとわりつく孫に見えるのだろうか？

スギナ（杉菜）

トクサ科トクサ属
胞子によって増える
草丈20～40センチ
酸性の土が好き
在来種

スギナの仲間は原始的な植物で、３億年前には15メートルもの高さだったという。

やや酸性の土が好きで、表面が乾いたところに生える。新しく造成したところなどにも最初に生えてくる。「いや、そんなことはない。うちでは、じめじめしたところに生える！」という人もいるが、それは湿り気が好きなイヌスギナ。種類が異なる。

ほとんどの植物は花を咲かせて子孫を残していくが、なんとスギナは花を咲かせない。じつはスギナはシダ植物の仲間。タネをつくらないで胞子で増えていく。そのため花期はないし、普通の草と同じような扱いにはならない。

ツクシ（土筆）を知っている人は最近めっきり減っているかもしれない。以前はよく河原の土手などに生えていたものだ。スギナの地下茎からツクシができて、胞子で増えていく。ツクシが出るところは、まだスギナが群生していない、毎年群生しているところのちょっと先。陣地を拡大していくために、ツクシが切り拓いていく。

スギナはカルシウムを多量にふくんでいて、枯れると、それが土に供給され、酸性土壌を中和してくれる。『ニンジンから宇宙へ』（赤峰勝人著）という本に、スギナの群生のなかで、すばらしいニンジンが育ったとある。糖尿病・腎臓炎・結石・肝臓病など、多くの薬効があると言われている雑草なので、土の改良ぐらいしてのけるのかもしれない。

酸性土壌をアルカリ化すると生えなくなるという。

スギナは地下茎で増えていき、根は深さ1メートルのところまでのびていくので、根絶するのは難しい。それでも、戦後、駐車場や空き地や畑で、雑草管理のためにしつこいぐらいに除草剤をまいたせいか、スギナは減っているらしい。

あまりにもスギナが嫌われたためか、最近ではツクシを見る機会がとんと減った。卵とじにすると、とてもおいしいのに……。

原爆投下後の広島にヒメムカシヨモギなどとともに最初に生えてきた草とも言われている。そんなに生命力があるスギナでさえ生きにくい環境だとしたら、そのことのほうがこわいような気がする。

スギナを植木鉢で栽培して観葉植物にしようと思っても、地下茎を張りめぐらすことができないので、不可能だという。根っからの野生の草なのだ。

乾燥したスギナ10グラムを水2リットルに入れて沸騰させ20分ほど静かに煮出した液を、十分に冷ましてから、10倍の水で薄めてたびたび庭の植物の葉に散布すると、うどんこ病など菌の病気全般に効果がある。

《対処法》

ある程度育った4～5月ごろに、地際で切る作業を2～3年くり返すと、そのうち衰退していく。ちょうど葉が育ったところで、葉の部分を取ると、養分を地下器官へ送れなくなり、繁殖のための根茎・塊茎を育てることができなくなるからだ。

または、アルカリ化した土質を好まないので、草木灰を少しずつまいて、時間をかけて土質を変えていく。

土のなかでスタンバイしていたツクシ（写真／北村みどり）

最初の栄養を使いきった5月ごろに地際すれすれで刈り込むとよい

ツクシは勢力を広げたいところに出る（写真／わたなべあきひこ）

スギナ 10g を水 2 ℓ に入れ沸騰させ 20 分。冷まして 10 倍に薄める

数日陰干しし、スギナスプレーをつくると、菌類の病気に使える

スギナは地下茎でつながっていて、掘っても途中で切れやすい

セイタカアワダチソウ（背高泡立草）

別名：ベトナムソウ

キク科アキノキリンソウ属

多年草
花期10～11月
草丈100～150センチ
開けたところ、日当たりのよいところ
外来種　北米原産　明治時代

北米原産で明治30年ごろ、観賞用として日本に移入された。だが、日本に爆発的に広まったのはベトナム戦争のころ。東南アジアでの戦争にアメリカ軍が日本の基地を経由して出撃していったために、物資や人とともにタネがやってきて増えたのかもしれない。

茎から「シス・デヒドロマトリカリア・エステル」という物質が出ていて、ほかの植物が生えないように抑制してしまう。このような作用のことを「アレロパシー（他感作用）」（165ページ参照）という。また、草丈が高いので、ほかの雑草を制圧して優先的に生えて光合成を阻害するため、ほかの植物は生えにくい。

空き地で群れて咲く。かなりめだつため、花粉症の原因と誤解されるが、虫媒花だ

一時は数が増えたが、最近では自分の出す抑制物質で自家中毒を起こして衰退し、勢いが以前より衰えて、在来種のススキの勢いが盛り返してきているという。

花粉症の原因とされたこともあったが、じつは「冤罪」。虫媒花なので花粉が空中に舞うことはあまりない。晩秋に飛ぶ虫たちの貴重な蜜源となっている。最近では、切り花として生花店で見ることがある。

地下茎とタネの両方で増え、1本のセイタカアワダチソウから27万個の種子ができると言われている。

面白いことに、セイタカアワダチソウで入浴剤がつくれるという。しかも体によいばかりでなく、下水もきれいになるらしい。

小さな花をたくさんつける。この様子が泡立っているように見えるのかも

花が咲く直前のものをつぼみごと取ってきて、2〜3日天日で干してから、さらに日陰で10日ぐらい干し、小さく刻んで綿の布に入れて湯船に入れると、体内の毒素も抜けるそうだ。

実際に植木屋仲間の一人がやってみたところ、お肌がさらさらすべすべになり、とてもよかったとのこと。においもよく、笹団子のにおいに似ているという。湯を落とさないで、2〜3日続けて入るとよいらしい。真空パックなどに入れて保存しておけば長期間保存も可能だ。

《対処法》

案外簡単に引き抜くことができる。抜けなければ、花が咲く前に地際で刈り取る。

大きいものは1mを超える。刈り込んでいると、ひざ丈ぐらいの高さで花をつけるものも

地上部にくらべ、根はあまり発達しておらず、株元を持って真上に引き抜くとあっけなく抜ける

花にはたくさんの蜜があるのか、ハチがたくさん集まっている。正真正銘の虫媒花だ（写真／岩谷美苗）

11月上旬の河原で。セイタカアワダチソウの勢いが以前より衰え、ススキの勢いが盛り返してきているという

セリバヒエンソウ（芹葉飛燕草）

キンポウゲ科オオヒエンソウ属
一年草
花期3～5月
草丈20～70センチ
日当たりのよいところ
外来種　中国原産　明治時代

わが家の花壇に、植えたおぼえもないのに、楚々とした紫色の花が咲いている。目を凝らせば、あちこちに!! 線の細い感じの草なので、あまりめだたないが、目につきはじめると気になる。

葉がセリに似ているので名前に「芹葉」とつく。ヒエンソウは「飛燕草」。花の後ろにしっぽのようなものがあり、どことなくツバメが飛ぶのに似ているからかもしれないとは私の予測。なんとなく山野草の風情があり、明治時代に中国から入ってきた外来植物と聞いても、ついつい見逃したくなってしまう。

開花期には多量の蜜を出すそうで、ヒラタアブなどが寄ってくる。今のところ群生する姿は見たことがなく、単独でぽつぽつと咲いている。

小さいが、なんとも言えない存在感。抜くのは簡単だが、ついつい残してしまう

COLUMN

家宝種

全般的に言えるのは、園芸種よりも雑草は病虫害に強いということ。よく、野菜の固定種、在来種のタネの話を聞くが、代々その土地で長い時間をかけて採取されつづけたタネ（そのようなタネを「家宝種」ともいう）からつくられた野菜は、病虫害に強いという。考えてみれば、雑草はその土地に根を張り、人間の思惑で遺伝子を組み換えられたり、F_1種にされたりしないのだから、究極の家宝種とも言える。F_1種というのは、優勢な形質をふたつ掛け合わせてつくった一代雑種。

だとしたら、お金をかけて園芸種を買ってきて、殺虫剤や殺菌剤をまくよりも、雑草を上手に生やして、ナチュラルな庭をつくるというのも、安上がりで楽しいうえにオーガニックだ。雑草には、きれいな花を咲かせるものもたくさんある。

センダングサ（梅檀草）

キク科センダングサ属

一年草

コセンダングサ

花期9～12月

草丈50～110センチ

堤防法面《のりめん》、荒れ地、放棄畑

外来種　熱帯地方原産　江戸時代

アメリカセンダングサ

花期9～10月

草丈50～150センチ

栄養がありすぎる湿地

外来種　北米原産　大正時代

タネが衣服につくと取れにくい。西日本では、アメリカセンダングサよりコセンダングサが優勢だという。センダングサは、コセンダングサより花びらがやや大きく黄色い。残念ながら少なくなっている。

《対処法》

根は深くなく抜きやすい。ただし、タネがあるときにひっぱると、タネが土にこぼれるので、翌年の繁殖を抑えることができない。タネがつく前に除草しよう。

アメリカセンダングサ

コセンダングサの花

コセンダングサ。西日本ではアメリカセンダングサより優勢。道端、草地、荒れ地などで普通に見られる

コセンダングサの根。真上に引くと抜ける

除草後、服にはしっかりとタネがついていた

コセンダングサのタネは「ひっつき虫」

タネの先端が鉤状になっている

タケニグサ（竹煮草・竹似草）

ケシ科タケニグサ属

多年草
花期7～8月
草丈100～200センチ
やせ地、日当たりのよいところ
在来種

茎が中空で竹に似ているところから、この名前がついたという。葉が人間の掌よりも大きくて、大きな切れこみが入っている。そして生長が早い。

この植物は、荒れ地や更地、とくに防災工事などを行なった斜面などを真っ先に占拠、カヤなどと同じパイオニア植物の一種だという。

わが家の南側に小さな山があり、私たちが越してくる直前に、そのひとつの山（杉林）が伐採された。すると、最初に、山の斜面に草とも木ともつかない白っぽい植物がにょきにょきと生えてきた。あるとき、その植物を近くで見ることがあり、タケニグサだとわかった。花だけでなく、葉っぱの裏側にも白い毛が生えていて、全体に

葉裏が白く、葉の大きさは30 cmにもなる。根茎は太く深いので、大きくならないうちに除草する

1～2mにもなり、花も葉もかなりめだつエキゾチックな姿だが、在来種。風にサラサラなびく感じ

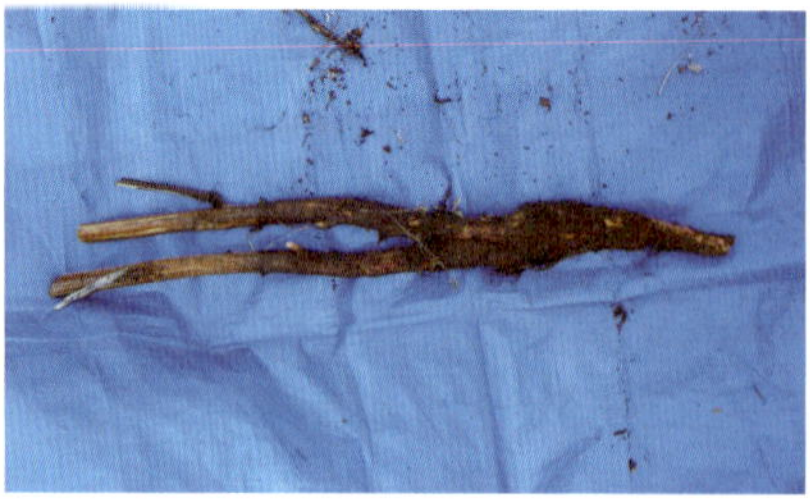

この写真の根茎は50 cmほどで切れてしまったが、すべて土のなかに埋まっていた

名前の由来は、茎が中空で竹に似るから。折ると出てくる赤茶色の液体は、猛毒。口に入れないように注意を

白く見えたのだ。

折るとアルカロイドをふくむ赤茶色の汁が出てきて、誤って口にふくむと眠くなり、呼吸マヒを起こす恐れがあるという。だが、皮膚病、たむし、水虫などにこの汁を直接塗布すると、効果があるという。

根茎で繁殖していくので、根絶するのは困難。掘ってみたら、太い根茎は地下50センチぐらいのところで折れてしまい、さらにその先にのびていた。根茎は樹木のように太くて硬い。これでは、なかなか取りのぞけないはずだ。

基本的に普通の雑草が生えるのが困難なところに生えてくるので、庭に生えるようなものではない。もし庭に生えてくるとしたら、長い間更地のようになっていたところに家を建てた場合が多い。

欧米では、園芸植物として栽培されている。

《対処法》

土の質が変わると、自ら別の場所へ移動していくらしいので、完熟堆肥や腐葉土、バーク堆肥などを施し、土を肥やすとよい。根茎が取りのぞけない場合は、地際から切って、光合成を阻害する。

ドクダミ（毒矯み、毒痛み）

別名：十薬《じゅうやく》

ドクダミ科ドクダミ属

多年草
花期5〜7月
草丈15〜40センチ
湿り気のある日陰や半日陰
在来種

古い時代の和名はシブキというそうだが、このにおいをかぐと、雰囲気が出ていると思う。

「地を這うタイプ」にしようかと思ったが、環境によっては、40センチぐらいの高さになるので、分類が難しいところ。日陰よりも半日陰の場所ほど丈がのびる。

ドクダミは、デッキの下や砂利の下からも生えてくる。土の硬さはあまり関係ないようで、それよりも湿り気や日当たりが関係しているような気がする。そして、あまり人間が歩くようなところは好まない。が、まったく人里離れたところも好きではなく、人家の日当たりの悪い裏庭のようなところによく生えている。

ドクダミが生えてくるというのは、その土地に必要だから。だとしたら、そこに住んでいる人にとっても必要なのかもしれない。

ドクダミの葉は、生のときと乾かしたときでは、効能が違うと言われている。

生の葉は、おできやニキビ、水虫や蓄膿症に。乾燥したものは、煎じて飲めば血圧の調整、ぜんそくなどに効果がある。副鼻腔炎には、生の葉をすりおろした汁を水に入れて、鼻うがい。皮膚病には汁を風呂に入れて入る。

ベトナムでは、生の葉をサラダに入れたり、ほかにもいろいろな料理で使うという。臭気は日本のものほど強くはないらしい。

わが家には、葉に斑が入った斑入りのドクダミがある。ヨーロッパへ渡って人気が出たものが、逆輸入されたらしい。

《対処法》

地下茎で増えていくので、スコップで掘り起こしては取りのぞく作業を、根気よく続けるしかない。少しでも地下茎が残ると、そこからまた生えてくる。完全除去は、相当な手間と時間がかかるので、覚悟したほうがよい。

通路などを避け、人の歩かない半日陰のようなところによく生える。漢方の世界では十薬といって重宝がられる

5～7月ごろに咲くが、白い部分は花びらではなく、総苞。花は中央の棒状の部分に密集して咲く

地中で縦横に張っている地下茎は、かなり深いところまでのびていて、取りきるのは困難

園芸店で売られている斑入りのドクダミ。ヨーロッパから逆輸入され、日本の庭でも見られるようになった

わが家の庭には、いろいろな雑草が生えていて、生存競争がなかなか厳しい。そんななか、コンポストボックスのそばを好む雑草がある。ハキダメギクだ。栄養分が好きなので、コンポストボックスのそばに生えるのだろう。とすると、これが生えている場所は、肥沃な土地とみることもできる。

根は浅いので簡単に抜ける。

外来種なのだが、私は案外この花が好きだ。ホコリにまみれて、けなげに咲く姿が心を打つのかもしれない。

そういえば、名前の由来は、牧野富太郎博士が東京都内の掃き溜め（ごみ捨て場）で見つけたからだとか。うちのコンポストも掃き溜めと言えるかも。

ハキダメギク（掃溜菊）

キク科コゴメギク属

一年草
花期6〜11月
草丈15〜60センチ
日当たりのよいところ
外来種　南米原産　大正時代

初夏から、日当たりのよいところなら晩秋まで、花期は長い。名前はひどいが、柔らかい雰囲気の雑草だ

窒素分の多いところが好きなのか、コンポストボックスのそばで群れている

軟らかい土であれば、根から抜けるが、踏みしめられたところでは引き抜きにくくなる

花はよく見ると妖精のブローチのよう。花期が長いため、ヒラタアブなどの蜜源となっている

ハコベの仲間（繁縷）

別名：ヒヨコグサ、ハコベラ

ナデシコ科ハコベ属
越年一年草
花期3～9月
草丈10～20センチ
半日陰で湿気のあるところ
ミドリハコベは在来種、コハコベ、ウシハコベは外来種

春の七草のひとつ。別名のヒヨコグサからもわかるように、ニワトリや小鳥の餌になる。

江戸時代には、よく乾かした葉に塩をまぜて炒ったものを歯磨き粉として使っていたという。歯槽膿漏にもよいので、今もハコベを入れた歯磨き粉が売られている。

3～9月ごろまで次々と白い小さな花を咲かせる。

日本の在来種はミドリハコベという。近年、庭で見かけるのは外来種のコハコベ、またはウシハコベであることが多い。

家庭菜園などを不耕起にすると生えてくるから、硬すぎず軟らかすぎず、ほどほどの硬さで、肥沃な場所が好きなのかもしれない。

刻んで味噌汁や卵とじにするといいというので、やってみたが、もう薹《とう》が立っていたのか、えぐみがあり、食べられたものではなかった。

除草は簡単。手で抜ける。

ミドリハコベの葉は緑色で柔らかく、一年中花や実をつけている地域もある。地面を這うようにして伸びるものもあり、抜くのはたやすい

コハコベは外来種で、茎が赤みを帯びていることと、ミドリハコベにくらべるとやや小ぶり。近年、両種の見分けがつきにくい個体も増えてきているという（写真／わたなべあきひこ）

ヒメオドリコソウ（姫踊子草）

シソ科ヒメオドリコソウ属

越年一年草または二年草
花期3〜5月
草丈10〜25センチ
日当たりのよい開けた草地
外来種　ヨーロッパ原産　明治時代中期

在来種のオドリコソウと比較して小さいということで、姫が名前の最初につけられた外来種。傘をかぶった踊り子に見立てられて、名前がつけられた。私には、ピンクのドレスのすそを持ちあげて、フレンチカンカンを踊っているように見える。早春の畑や、耕作放棄された畑地で群生しているのを見かける。

エライオソームをつくるので、アリがよくやってくる。

抜くのはたやすい。

エライオソームを求めて、たくさんのアリ（〇印）がやってきている

ヒメオドリコソウとオオイヌノフグリの春の競演は、うきうきした気分になる（写真／わたなべあきひこ）

フレンチカンカンを踊っているように見えないだろうか？（写真／わたなべあきひこ）

日当たりのよい開けた草地が好き。背の低い雑草たちのなかで、ひときわめだつ花をつける

畑に咲くイメージが強いが、どっこいインターロッキングの隙間からも生えている

ヒメムカシヨモギ（姫昔蓬） 別名：鉄道草

キク科ムカシヨモギ属（またはイズハハコ属）

越年一年草
花期7〜10月ごろ
草丈１００〜２００センチ前後
あまり場所を選ばない
外来種　北米原産　明治時代

乾燥に強く、土質を選ばずあらゆるところに生え、4〜11月ごろまで長期間見かける。鉄道の線路沿いに広まったことから、別名の「鉄道草」がついたと言われている。除草剤に耐性をつけている。

南米原産のオオアレチノギクとそっくりで見わけが難しい。しかも両者が混生していることも多い。あえて違いをあげると、ヒメムカシヨモギは白っぽくて、オオアレチノギクは野趣に富んでいる感じ。ともに外来生物法要注意種。

《対処法》

茎の下のほうを持ってまっすぐ引き抜くと抜けやすい。面倒なら、地際で刈る。

花が咲くと、頂部が枝分かれして、たくさんの花を咲かせる

除草剤に対して耐性をつけてしまい、いたるところに生えている

2mになることも。土質を選ばない（写真／わたなべあきひこ）

ゴボウのような根だが、深くはなく、引き抜くこともできる

12月下旬、タネをつけているヒメムカシヨモギ

細かい毛が密に生えているので白っぽく見える

ヒルザキツキミソウ（昼咲月見草）

アカバナ科マツヨイグサ属

多年草
花期5～8月
草丈30～60センチ
日当たり、水はけのよいやや乾燥したところ
外来種　北米原産　大正時代末期

やせた土地でも咲き、暑さにも寒さにも強く、病虫害にもほとんどあわず、かなり手のかからない草である。法面《のりめん》の土留めのためにタネをまかれたものが、庭にも進出してきている。

「月見草」というと、夕方から咲くものだが、わざわざ「昼咲き」とついているとおり、昼間から咲いている。

太宰治が『富嶽百景』のなかで、「富士には月見草がよく似合ふ」と書いたのは、黄色い花を咲かせる「オオマツヨイグサ」のこと。最近は、庭ではヒルザキツキミソウが圧倒的に増えて、オオマツヨイグサはあまり見られない。同じ、北米原産の外来植物でも、勢力を拡大するもの、衰退していくものがあるということだ。

ヒルザキツキミソウは、丈もコンパクトで、花色も柔らかいピンク。しかも花は大輪でめだつことから、庭に生えてもそのままにしている人が多いのではないだろうか？　そんなことから、だんだん勢力を拡大してきているのかもしれない。

姿かたちはアカバナユウゲショウ（→ p.99）の花に似ているが、圧倒的に花が大きい

梅雨の晴れ間に群生するヒルザキツキミソウ

明治初期に移入されたオオマツヨイグサ

1920 年代に北アメリカより鑑賞用に導入され、野生化したメマツヨイグサ

フキ（蕗）

キク科フキ属

多年草
花期3～5月
草丈50～60センチ
場所はあまり選ばないが、木の下の半日陰のようなところをとくに好む
在来種

里山に生えているという印象や、山菜としてのイメージが強いので、庭にフキ⁉と思われるかもしれない。

都会の庭ではあまり見ないが、地域によっては庭に生えている姿を見ることがある。耐寒性が強く、とても強健で、一度根を下ろすと地下茎で増え、次々と生えてくる。

あるお客さんは、「庭でフキ摘みをして、料理に使いたい！」と知り合いからわけてもらい、はりきって庭に植えたら、みるみる増えてしまい、あの大きな葉に庭を占領されて、庭が狭く見えるし、庭らしくなくなってしまった……と、嘆いていた。

葉は掌よりも大きい。紙の貴重な昔、フキの葉でお尻をふいたことから、この名前がついたとも言われる

自生のフキは食用のフキのように丈が高くならない。庭ではスペースを取るうえ、繁殖力は強い

ツワブキは常緑性で庭の園芸素材としてよく使われる。葉にツヤがあり厚いので、見わけられる

フキノトウは、食用がてら摘んでしまうことで繁殖力を抑えられる

葉が大きいので、住宅地の手狭な庭には、むやみに植えないほうが無難だ。

フキは食用として有名だが、地下茎には毒があると言われているので、食べるのは地上から上の部分だけにして、地下茎は食べないように注意してほしい。

フキは、春先になると花を咲かす。その花のことを、フキノトウという。

フキノトウはフキ味噌やてんぷらにするとおいしいので、小さいうちに摘み取って食べてしまおう。そうすることで、増えるのを防ぐことができる。

花が終わったあとに葉が出てくるので、地上部を切り取り、茎を青煮やキャラブキなどにするとよい。わが家では庭先のフキが、欠かせない食材になっている。

地上部から丸い葉までの間を「茎」と呼ぶ人が多いが、じつは、葉柄《ようへい》である。葉柄だけでなく、葉も食べることができるが、葉は苦味がきつくてえぐみがあり、あまり好きではない。

似ている植物にツワブキがあり、こちらは常緑で、秋の庭で薹立ちした黄色い花を咲かせ、よくヒラタアブがやってきている。

《対処法》

葉が茂ってきたら、間引きする。

生えてほしくない場合は、ひたすら根茎から取る。根茎は、そんなに深くないが、地下茎が横にのびているので、根絶は難しい。冬になると、地上部は枯れてしまう。

COLUMN

葉っぱは自然のトイレットペーパー

昔は用を足したあとのお尻をふく葉っぱとして用いられ、そこから「フキ（拭き）」という名前がついたと言われている。写真家で糞土研究会代表の伊沢正名さんによると、フキの葉は、お尻をふくのに5段階評価で4のランクだという（ちなみにトイレットペーパーは3だそうだ）。

なかなか富士山が世界遺産にならなかったのは、用を足したあとのトイレットペーパーのせいだとも言われていた。トイレットペーパーには、簡単に破れないように強靭剤が使われていて、そのためになかなか分解されない。

それに引き換え、葉っぱでお尻をふくとは、なんともエコである。意外だが、ヨモギなども束ねると、香りがよくて使いやすいそうだ。

ホトケノザ（仏の座）

別名：サンガイグサ（三蓋草）

シソ科オドリコソウ属
越年一年草
花期3～6月
草丈10～30センチ
日当たりがよく肥沃なところ
在来種

春になると、ピンクの花と、まるで仏さまの台座のような丸い葉っぱが特徴のホトケノザがめだってくる。

ホトケノザは春の七草のひとつだが、食べると吐き気や下痢に襲われることがあるという。もともとは、別の草がホトケノザという名前だった。それは現在、「コオニタビラコ」という名前になっている。だから、春の七草の「ホトケノザ」はコオニタビラコのことなのだ。

早春から花を咲かせ、花は2通りの方法で受粉する。ひとつは昆虫による受粉。もうひとつの方法は自家受粉。ピンクの花を観察すると、花が開いているものと、丸く閉じたものがある。閉じているものが自家受粉する閉鎖花で、開かないままで終わる。

この花にもエライオソームがあり、アリにタネまきをさせている。

ホトケノザは虫の食害にはあいにくいが、うどんこ病になりやすい。そのため、ほかの植物にうつるのでは？と、嫌われたり、心配されたりする。だが菌の世界は多様であり、うどんこ病といっても、それぞれの宿主《しゅくしゅ》によって菌の種類が異なる。ホトケノザにつくのは「ホトケノザうどんこ病菌」。

菌が複数の樹種に発生する場合でも、同じ種属の木に限られる場合が多い。たとえば、「モミジうどんこ病」の菌は、ヤマモミジ、ノムラモミジ、デショウジョウ、イタヤカエデなど、モミジの仲間だけに発生する。

サルスベリには「サルスベリうどんこ病」という菌だし、バラには「バラうどんこ病」という固有の菌なので、サルスベリの下や、バラのそばでホトケノザがうどんこ病になっていてもうつることはない。

もしかすると、ホトケノザがいち早くうどんこ病になることで、うどんこ病の菌を食べてくれるムーアシロホシテントウを庭に呼びこみ、バラなどの園芸種のうどんこ病がひどくなるのを防いでいるのかもしれない（このような方法を「バンカープランツ」〈164ページ参照〉という)。

ただし、三重大学の高松進教授によると、キュウリのうどんこ病の菌は、ホトケノザにも発生し、互いに行き来するという。菜園でキュウリを育てている人は、ホトケノザに注意したほうがよいかもしれない。

さらに、キュウリのうどんこ病の菌は、ヒマワリ、ヒャクニチソウ、ホウセンカ、エノキグサにも寄生できるそうなので、これらの花とホトケノザの間を、うどんこ病菌が行き来する可能性もある。

ハッカハムシというきれいなハムシが食害するらしいが、実際に食害している姿は見たことがない。

零下になった冬の午前中、草取りをしていてホトケノザを見つけた。1センチぐらいの丈の先で、けなげにつぼみをつけている姿には心を打たれる。寒さに負けずに、私たちも頑張って仕事しよう!と励まされた。

《対処法》

ひょろりとした姿がひ弱そうに見えるからと甘く見ると、途中でちぎれてしまい、抜くのは簡単ではない。根は案外しっかりしているので、根から掘り起こす。

11月の砂利敷きの通路で春を待つ

開いている花は、受粉のための昆虫の訪れを待っている

3月ごろから梅雨の時期まで咲くホトケノザの花

渋くてオシャレなハッカハムシ 7.5〜9mm。ホトケノザも食草

ムーアシロホシテントウは、うどんこ病の菌を食べる

うどんこ病になっているホトケノザ。樹木などにはうつらない

ミズヒキ（水引）

タデ科ミズヒキ属（またはタデ属）
多年草
花期7～11月
草丈40～100センチ
半日陰のようなところ
在来種

熨斗《のし》についている紅白の水引に似ていることからこの名前がつけられた。茶花や野草としても人気が高い。

適地であれば、すごい勢いで増えていく。日当たりがよいところより、半日陰ぐらいの場所を好む。寒さにも乾燥にもめっぽう強い。

同じ科で白花のものもあり、ギンミズヒキという。

黄色の花を咲かすものはキンミズヒキで、バラ科。葉や花を見ればわかるが、ミズヒキとはまったく種類が違う在来種の多年草で、花期は7～10月。

《対処法》

ほうっておくとどんどん増えるので、地際で切って間引きし、それでも多いと感じるなら根から掘り取る。

存在感があり、個性的なフォルムなので、生け花にも使われる

熨斗に使われる紅白の水引に似ている

寒くて日当たりが悪く湿っぽいわが家の花壇でも、毎年強健に咲く

キンミズヒキの花

キンミズヒキは水引という名前がついているが、科が違い、バラ科

生えるとほかの雑草を抑制するが、増えすぎないように注意を

ミゾソバ（溝蕎麦）

別名：ウシノヒタイ

タデ科タデ属（またはイヌタデ属）
一年草
花期7～10月
草丈30～100センチ
湿ったところ
在来種

わが家の庭の奥には、小川が流れている。川っぷちの、日がほとんどささない湿ったところに、8月の終わりごろ、なんともかわいらしい淡いピンク色の花が群生して咲いていた。ミゾソバである。

湿った溝地に生え、葉っぱがソバに似ているのでこの名前がついたという。別名のウシノヒタイとは、葉っぱが牛の額の模様に似ているからだという。

以前は、水田地帯の用水路などに群生していたらしいが、このごろはコンクリートで蓋をされてしまったので、めっきりと数が減っているのではないかと思われる。幸い私の住む地方は川がたくさんあるので、まだいたるところで見かける。

濃いピンクのつぼみが、花が開くにしたがってだんだん薄いピンクになっていき、盛りを過ぎると白い花になっていく。なるほどソバの花に似ている。暖かい年には、11月になってもまだ咲いていることもある。

この草は、土中のカドミウムを吸収するという。しかし、これが生えるからといって、カドミウムに汚染されているというわけではない。

ミゾソバにそっくりな雑草にママコノシリヌグイ（継子の尻拭）がある。こちらはよく見ると、茎に小さなとげが生えていて、うっかりさわると「痛っ！」ということに。それでこの名前がついたのかと思うと、昨今の幼児虐待と重なって痛々しい気もする。幼児虐待は今に始まったことではなく、昔もあったのか……と、複雑な心境になる。韓国では「嫁の尻拭き草」というとか。これもこれで、すさまじい。

もうひとつそっくりなものに、アキノウナギツカミという雑草があるらしいが、こちらにはまだお目にかかったことがない。やはりとげがあるそうだが、葉っぱの形は円錐形だという。このとげでウナギをつかめるというところから名前がついたらしい。

うちの庭の湿気の多い場所に生えていたミゾソバによく似た花。咲きはじめはピンク色でしだいに白く変化する

湿った場所で群生するミゾソバ。もし庭に生えるとしたら、かなり湿気があるということ

ママコノシリヌグイの花。ミゾソバにそっくりだが、ひとつの花茎につく花の数が少ない

ミゾソバの花はそれぞれの頭頂部が濃いピンク

ミゾソバ（左）は茎が赤くなく、ママコノシリヌグイ（右）は茎の赤みが強い

ミゾソバ（右）は丸みを帯び、ママコノシリヌグイ（左）は三角に近い

ママコノシリヌグイを食べるヒメクロオトシブミ（5mm 前後）

ママコノシリヌグイには細かいとげがある。こんなのでお尻を拭われたら、痛そうだ

ミツバ（三つ葉）

セリ科ミツバ属
多年草
花期6～7月
草丈40～50センチ
やや湿った日陰
在来種

やや湿った日陰に生えてくる。春になると越冬した根株から若葉が出てくる。わが家の硬い土からも生えてくるが、硬い場所だと、根から抜くのは、簡単ではない。

食料品店で買えるのは、ほとんどがハウスの水耕栽培。わが家では、家のまわりに勝手に生えてくるのでそれを利用するが、売られているものよりも葉が大きく香りは強い。だが、葉はゴワゴワしているし、茎も太くて筋ばっているので、生では使わず火を通すようにしている。年とともにだんだん葉や茎が堅くなるらしい。

また、こまめに刈り込んでいると、葉を大きくすることにエネルギーを使ってしまうからか、売られているもののほど、丈が高くならないような気がする。

やや湿った日陰などが好きな場所。食用の栽培種より葉はごわついて堅い

刈り込みをこまめにしていると、丈が高くならない。生えたてのものは、葉が柔らかいので料理にも向く

今日のおかずは、ミツバの卵とじ

ムシトリナデシコ（虫取り撫子）　別名：小町草《こまちそう》

ナデシコ科マンテマ属

一～二年草
花期5～6月
草丈30～60センチ
日当たりのよいところ
外来種　ヨーロッパ原産　江戸時代末期

ヨーロッパ原産で、園芸用として移入されたものが野生化した。

茎の節の下のほうに粘液が分泌される場所があり、小さな虫をとらえることができる。だが、食虫植物ではなく虫は食べない。「虫をとらえて食害されないようにする」とか「受粉してくれるチョウの蜜をアリに横取りされないように」などの説があるが、あくまでも推測で、ほんとうの理由はわかっていない。

最近、群落をなして咲いている姿を見かける。その姿はなかなかかわいい趣がある。だから抜かれるのをまぬがれ、だんだん勢力を拡大しているのだろうか？

道に沿って花を咲かせるムシトリナデシコ

花がかわいいので、除草されずに残されることで、勢力を拡大していると思われる

茎の節から粘液を分泌し、小さな虫の食害を防いでいるらしい

ムラサキケマン（紫華鬘）

ケマンソウ科キケマン属／ケシ科キケマン属
一年草
花期４～６月
草丈20～50センチ
湿ったところ
在来種

わが家は、川が近く湿っていて、日当たりが今ひとつ。そんなところを好むらしく、よく咲いている。とても気高い貴婦人のような草である。ウスバシロチョウというチョウの幼虫の食草であるらしく、だからか、わが家にはウスバシロチョウの訪問が多い。

越年一年草で日当たりのよいところを好むミヤマキケマンというものもあり、ムラサキケマンの花を黄色くした感じ。こちらはミヤマ（深山）という名前がついていて、あまり住宅地などには生えないのだろうが、やはりわが家では咲いている。

両方とも勝手に生えてくる分には強いが、移植にはめっぽう弱い。

《対処法》

抜こうとしても、その柔らかないでたちとは裏腹に、上部がちぎれるだけ。スコップで根から掘り上げる。

葉も茎も根もすべて有毒なので、気をつけて扱ってほしい。

ミヤマキケマン（深山黄華鬘）。ムラサキケマンよりは日照を好む

日陰の湿ったところが好き。高さは 20～50 cm ほど。気高い貴婦人のよう

深山（みやま）と名前がつくが、低地でも生えている

華鬘（けまん）とは、生花を糸でつづり仏前に供えるものとの仏教用語からきている

ヨウシュヤマゴボウ（洋種山牛蒡）

別名：セイヨウヤマゴボウ、アメリカヤマゴボウ

ヤマゴボウ科ヤマゴボウ属

多年草
花期6～10月
草丈100～200センチ
やや日陰を好む
外来種　北米原産　明治時代初期

植木仕事をしていて、複雑な気持ちになる草だ。その個性的ないでたちは絵に描きたいぐらいだし、実際に絵の題材としても使われることが多い。

だが、衣類に実の汁がつくと、赤紫色に染まってしまい、落ちなくなる。海外では、「インクベリー」という俗称もあるらしい。ということは、もちろん、草木染めの染料にも使われる。

気をつけてほしいのは、おいしそうな大粒の実に惑わされて食べないこと。じつは有毒である。実だけではなく、草も茎もすべて毒があると言われている。とくに、ゴボウ状になっている根は、毒性が強いそうだ。資料に

姿かたちは非常に造形的で美しい。葉も大きくて柔らかい。北海道では鉢で売られているそうだ

若い実をつけはじめている。根はゴボウ状になっているので、大きくなってしまうと抜くのは困難

実は染料にも使われ、英語ではインクベリーとも言われる。衣類につくと落ちなくなる（写真／遠山勉）

花が終わり、緑色のタネができはじめている。これからだんだん黒紫色に熟れていく

よっては、「実は無毒」とする記述が見られることもあるが、こわくて真実を試す勇気はない。

だが、食べさえしなければさわっても大丈夫。長い間、植木屋をやってきて、手で抜いてきたが、かぶれたり、かゆくなったりしたことは一度もない。

最近は、その個性的な姿からか、切り花として生花店で人気があるという。北海道では、鉢に植えられて園芸店で売られているそうだ。

《対処法》

これは案外引き抜くのは簡単。茎の下のほうを持ってまっすぐ上に持ちあげると、すっと抜けて拍子抜けすることがある。大きくなってしまうと抜くのは困難。

ただし、地面が固い場合は、そうはいかない。その場合は、実がなる前に地際で切ってしまう。

あまり軟らかい土質には生えないので、硬い土を根でほぐしているのだろう。

毎年抜いていれば、群生することはないし、そのうちに生えなくなってくる。生えてくるときは、鳥のフンなどからの実生かもしれない。

COLUMN

カラスやスズメという名前

植物には、名前に鳥や動物の名前がつくものが多い。たとえば、カラスウリ、カラスノエンドウ、スズメノエンドウ、スズメノカタビラ、スズメノテッポウ。

カラスがつく場合は「大きい」「りっぱな」、スズメがつくのは「小さい」などという意味合いがある。

イヌタデ、イヌホオズキなど、「イヌ」は、「役に立たないもの」という意味で使われることが多いという。

番犬や猟犬もいるのに、何を根拠に「役に立たない」と言うのか、戌年生まれとしては、昔の人に聞いてみたい気にもなる。

ほかにも、キツネノマゴやブタナ、ネコハギにネコジャラシ（エノコログサの別名）などというのもある。

びっくりしたのは、パンダスミレ。外来種のスミレで、正式名は「プリセアナ」といい、パンダのイメージとはほど遠い。

スズメノエンドウ（左）とカラスノエンドウ（右）

ヨモギ（蓬）

別名：モチグサ（餅草）

キク科ヨモギ属
多年草
花期9〜10月
草丈50〜120センチ
酸性土壌
在来種

ヨモギの花粉は、秋の花粉症の原因のひとつだ。アブラムシがつきやすいが、それを利用して、バンカープランツ（164ページ参照）としても使える。また、ヨモギにもアレロパシーがあるという。香りがよく、お灸や草もちなど、人間の生活とかかわりが深い。

1本のヨモギも、よく見ると葉の形がさまざま。そんなことも適応能力が強い原因かもしれない。

《対処法》

根が頑丈なので、手で抜くのは難しい。移植ごてやスコップで根から掘る。ツツジの根元などから生えている場合、根がからんでいて掘れないので、くり返し地際から切り、光合成をさせないようにして衰退させる。

インターロッキングの隙間から生えるヨモギ。根はとても抜きにくい

生えはじめの葉は柔らかく、もむとよい香りがする。葉は草もちやお灸のもぐさの原料になる

ヨモギに発生するアブラムシをねらってナミテントウ（左）やヒメカメノコテントウ（右）がやってくる

ヨモギの花はとても地味で、咲いていてもなかなか気づかない。花粉症を引き起こす

実践編

庭で雑草とつきあう方法

雑草を生やさない方法

今までは、庭の雑草はやっかいな植物で、除草しなければならないものとして扱われてきた。そのため、広い芝地、空き地、駐車場、集合住宅の共同緑地などでは、しばしば除草剤をまいて管理してきた。

除草剤どころか、最近は、根こそぎ雑草を取るのが面倒で、せっかくの庭をコンクリートですべて埋めてしまうという場合も多い。

ここでは、そのような味気ない方法ではなく、オーガニック・ガーデンならではの雑草を生やさない方法を紹介しよう。

踏む

シンプルだが、案外効力のある方法だ。わが家の庭への通路は、毎日朝と夕方、車で一往復するだけで、車の轍のところだけ雑草が生えてこない。庭に車が入らない場合でも、人間が踏み固めればいい。実際、お客さんで、絶対に雑草に生えてほしくないところを毎日朝夕歩いている人がいたが、雑草はほとんど生えてこなかった。

轍の両側はいろいろな雑草、中央はシロツメクサ。朝夕通る車の轍のところは何も生えない

刈る

定期的に草を刈る。秋から4月ごろまではメンテナンスしなくても大丈夫だが、5~10月ごろまでは、2週間ごとに刈るようにする。すると、刈っている高さ以上の草は生えてこなくなり、刈った草も、遠目から見れば、グラウンドカバーのように緑のじゅうたんに見える。

抜く

そんなに広くない面積や、手間がかけられる場合は、根から抜く。抜き方は「草取りの方法」(142ページ)を参照。

平板やバークチップを敷く

石やレンガなどの平板を敷いてテラスのようにしたり、

通路のようにしたりすることもできる。

　平板を敷く場合、モルタルで固める方法と、直接土に置く方法がある。

　モルタルで固める場合は、土をすき取り砕石を敷いて突き固める必要がある。土に直接置く場合も、土をすき取り、よく土を突き固める。しっかり下を突き固めておかないと、敷いた平板の上を歩くとすぐにデコボコになってしまう。

　大きめのバークチップ（木の皮を砕き、乾燥させたもの）を敷きこむのもいい。この場合も、地面の高さと同じにするためには、バークチップを敷きこむ分、土をすき取る必要がある。また、バークチップは自然素材なので、経年変化を起こし、やがて小さくなっていく。すると、地面が露出し、雑草が生えてくる。そのときは、新しいものと全部交換するか、新しいものを補充する。

　ナメクジなどが大きなバークチップの裏側などに棲みつくことがあるので、時々裏側をチェックしたり、夕方以降の水やりを控える。

砂利を厚く敷く

　雑草の生えてほしくない場所に砂利を敷くのは、結構行なわれている方法だが、いろいろな庭を見てきて思うのは、砂利の層が薄すぎる場合が多いということだ。土の表面が覆われる程度の砂利のまき方だと、すぐに雑草は生えてくる。

　簡単に生えてこないようにするには、厚さ10センチぐ

家の裏の砂利敷きにはびこる雑草

小鎌を使って除草したあと

枯れ葉やちぎれた雑草を柔らかい竹ぼうきの先で軽く掃いて集める

手箕（てみ）を軽くゆすると、砂利とごみがわかれるので、手でごみを取る

手箕に残った砂利は通路にもどす

らいの砂利の層が必要だと言われている。ただし、あまり細かい砂利だと、野良猫のトイレにされやすい。

もう少ししっかりやる場合は、まず必要な深さの土（約8センチ）をすき取り、砂とセメントを水を入れずによくまぜ（「カラ練り」という）、すき取ったところに4センチ厚さぐらいでカラ練りを敷く。その上に、砂利を敷きつめて8センチぐらいの高さにする。最後にじょうろで全体に水をまく。この方法だと、モルタルは固まるが、透水性はあるので、雨が降ってもしみこんでいく。

ただし、長年のうちにこの上に土が堆積してしまうと、やはり雑草は生えてくる。だが、生えてきたとしても抜きやすい。

最近は「まさ土」といって、カラーで透水性のある資材も売られていて手軽に使える。

まさ土でつくった通路。まわりが雑草でも、庭が野放図な感じにならないですむ

構造物をつくる

土の面積を減らせば、当然雑草が生える面積も減る。かといって、コンクリート敷きなどにしてしまうのは味気ないという場合は、レイズドベッド（持ち上げ式花壇）や広めのウッドデッキなどをつくる。

ウッドデッキは、家と庭をつなぐ中間領域にもなる。コンクリートや砂利を敷くと、夏の照り返しがきつく、家のなかが暑くなるが、ウッドデッキなら砂利やコンクリートよりは和らぐし、よしずを張ることもできる。

広いウッドデッキをつくると、土の部分が減り、雑草管理が楽になる

１畳分の芝のベッドにすると、寝転がったり座ったり、管理も容易で楽しめる

背の低い草のタネをまいておく

たとえば、シロツメクサ。シロツメクサは早春から芽吹くため、ほかの雑草が生えてきにくくなる。

春の早いうちから群生して生えるもの、あまり背が高くならないもの、見た目がかわいいもの、これらを満たすものなら、もちろんシロツメクサに限らない。

タツナミソウ、カキドオシ、ヒメツルソバなどもおすすめだ。ただし、ヒメツルソバは、生えてほしくないところまで拡大し、雑草化しやすい。

ふだんあまり歩かない場所で、なおかつ雑草に生えてほしくない場合は、タマリュウなど常緑の下草で背が高くならないものを植えておくと、雑草が生えにくくなる。

タマリュウの植え方のポイントは、ポットから出してそのままの形で植えるのではなく、ポットの苗をばらし、小分けして植えること。そのまま植えると最初からボリュームがありすぎて、すぐにモコモコになってしまう。

また、小分けして植えても、10年ぐらいすると増えるので、そのときは一度掘り起こして、株を小分けして植えなおす。

早春から群生する丈の低い雑草をグラウンドカバーにしてしまう方法もある

COLUMN 雑草にも花言葉がある

きれいな園芸種だけではなく、なんと雑草にも花言葉がある。

タンポポは「真心の愛」、ヨモギは「幸福、平和、夫婦愛」、ホトケノザは「調和」。意外なのはシロツメクサで「復讐」という物騒なもの（ほかに「約束」というのもある）。ヨウシュヤマゴボウにいたっては、なんと「内縁の妻」。これってホントに花言葉!?

セイタカアワダチソウの「元気、生命力」や、ススキの「活力」においては、その繁殖力を見れば、もっともな気もする。いちばんうなずけたのは、私の大好きなオオイヌノフグリ。ひどい名前に不満を抱いていたが、花言葉は「信頼、神聖、清らか、忠実」。そうこなくっちゃ！

雑草を庭で生かす方法

好きな雑草を残す

まず好きな雑草を探して、それだけは残す。

残す場合は、庭全体を見て、違和感がないかどうかを確かめる。

違和感のない場所だったら残して観察。

違和感がある場合は、刈りそろえるか、抜く。

もちろん、違和感があっても、どうしても残したいと思ったら残しておいてもかまわない。最終的には、自分がどんな庭にしたいか、なのだから。

私たちは作業小屋の脇に生えているギシギシは抜かないで、毎年楽しみにしている。

大きくて柔らかそうな緑の葉が、足場パイプでつくった作業場の無機質な感じを、ずいぶん和らげてくれているような気がする。

いろいろな虫がやってきて、さらに天敵までくるので、観察するのも楽しく、時間を忘れて見入ってしまうこともある。

存在感のあるわが家のギシギシは、「葉の緑がつややかで美しい」と訪れる人から評判がいい

グラウンドカバーにする

管理のたいへんな芝よりも、自ら生えてきてくれる（つまり、その環境にあっている）雑草をグラウンドカバーにしてはどうだろう。水の少ない地域のアメリカ西海岸やオーストラリアなどでは、この方法を実行している人が多くいて、今後、世界の潮流となるかもしれない。

実際、日本でも、オフィスの屋上緑化や河川敷などで、外来植物の侵入を防ぐ目的で、在来の雑草や野芝などに注目が集まってきている。

野芝から徐々に雑草と入れ替えていく予定の庭。雑草なら水やりや肥料などが必要ない

つる性植物などはフェンスに沿わせて、あまりぼうぼうにしないで楽しむ

ヘクソカズラは花がかわいいし、ヤブガラシもなかなか愛らしい花と実をつける。だからといって、そのままでは荒れ果ててしまうので、いくつか残して、壁面緑化に使ったり、フェンスの緑として使う。いろいろなスズメガの食草なので、それもまた観察する。

ヘクソカズラも、生える場所によっては残してもOK。センスしだいで、どんな植物も庭の素材になる

ここだけは生やしておいてもかまわないという場所をつくる

イヌタデなどは花がかわいいので、石のそばや平板の縁などに群生しているものは、そのまま残しておく。その場合でも、夏の間は何度か刈り込む。刈っていると低いところに花が咲くようになる。それで、ミニチュアサイズのイヌタデの花を楽しむことができる。

私たちはたまに植木鉢に土を入れ、何も植えないで置いておく。しばらくすると、いろいろな雑草が生えてくるので、何が生えてくるかお楽しみで待つ。サプライズを楽しむわけだ。

これを「びっくり鉢」と呼んでいる。

カレル・チャペックのガーデニング・エッセイ『園芸家12カ月』（小松太郎訳）のなかにも、雑草のびっくり鉢のことが出てくる。

園芸愛好家が行きつけの園芸店に行ったら、めずらしい鉢植えの植物が並んでいた。愛好家が売ってくれといったら、店主はダメだという。どうしても売ってもらえないのかと食い下がると、「だって、これは勝手に生え

境界石に生えるオオバコとイヌタデ。増えすぎないように管理し、残せるものは残す

何が生えてくるかサプライズの楽しみを与えてくれる「びっくり鉢」

てきた雑草だから」と言われる。

いつもは邪険に扱う雑草も、きれいな鉢に生えていると、美しく見えるのは、古今東西変わらぬようだ。

雑草を生け花にする

生花店で買うゴージャスなバラやカサブランカもいいけれど、小さな花瓶に小さな雑草の花を生けるとほっとする雰囲気になる。けっして生花店では買えない花だ。

草取りの方法

根こそぎ抜かないとだめなのか?

雑草で困っている人からの質問でいちばん多いのは、「雑草は全部抜かないとだめなの?」というもの。

これには、それぞれの庭の状態やその人が庭で何をやりたいかで、どうするかが決まる、と答えるしかない。

つまり、それぞれの価値基準によるということだ。

とにかく庭に雑草が生えているのは美しくない、と思うのであれば、すべて抜くしかないだろう。

広い敷地をもつ人の多くが、これで悩んでおり、庭をもつことに喜びを感じられないという話を聞くこともある。

どんな場所にでも、土があれば、必ずといっていいほど雑草は生えてくる。だとしたら、雑草とのつきあい方がわかれば、庭はもっと楽しい場所になるのではないだろうか。

刈りそろえる

そこで、私たちが提案しているのは、「刈る」ということ。高さをそろえて刈れば、緑のグラウンドカバーのようになり、遠目から見れば緑のじゅうたんに見える。それはまさしく日本の昭和30年代くらいまであった原っぱの風景だ。

また、刈ることにより、

最初は芝地だったが、今ではすっかり雑草に入れ替わってしまった

雑草の遷移を止めることができる。野放図にのばしていると、どんどん丈の高い雑草が増えていき、地面の下のほうで生える雑草は、光合成ができなくなり絶えていく。これが自然の雑草の遷移だ。

それを止めるためには、人間の手によって、ぼうぼうにならない程度に「刈る」とよい。とくに一年草の雑草には、効果が高い。

刈りそろえていると、短い丈でも花がつくようになることに気づき、これには驚かされた。種子をつけ、子孫を残していく雑草の知恵だろう。

私たちは草刈りが好きだ。雑草を抜くのではなく、短く「刈る」のだ。だくだくの汗をかきながらも心地よいのは、刈った草の甘いにおいのせいかもしれない。このにおいの奥には、人間が本能的に安心できる「緑への信頼感」のようなものがふくまれているような気がする。

刈り込まれて、ごく低いところで花を咲かせるタネツケバナ

刈り高5センチの意味

私たちは、雑草の高さが5センチになるように刈っている。

この高さで刈っていると、そのうちに5センチ前後の草しか生えてこなくなる。それ以上の高さの雑草は、花芽を刈られてしまうので、タネをつけられなくなるからだ。

そして、この高さで刈っていると、雑草の生長がもっとも遅くなる、ということにも気づいた。

短ければもっと効果が上がるかと、5センチ以下で刈ってみたこともあったが、そうするとより強く再生しようとするため、ぐいっと急激にのびてくる。

5センチぐらいの高さがあると、地表への日光を遮り、ほかの雑草のタネが発芽するのを抑制することができる。また、

刈り高5cmだと、雑草を抑え、芝の勢いを保つことができる

地表面の熱が奪われにくく、適度な湿り気も保持でき、打ち水効果のように夏は涼しいうえに、土壌生物たちの棲《す》み処《か》も提供できる。

この方法をお客さんに伝えると、精神的に楽になったという人が多かった。みんな、根こそぎ全部抜かなければいけないと思いこんでいたのだ。

この方法は芝庭にも応用できる（39ページ参照）。

草取りの時期

長く厳しい寒さが続いたあと、早春に生えてくる雑草には、懐かしい友に出会ったような気持ちでほっとさせられる。

だが、そんな雑草も日を追うごとに夏の雑草と入れ替わり、緑が濃くなり、草丈がのびてくると、だんだん厄介者扱いされるようになってくる。

はびこらせたくなければ、茂ってからではなく、4～5月にかけての雑草取りや草刈りに精を出してほしい。

まずは草を取るタイミングだが、ぼうぼうにしてからよりも、5月の中旬ごろまでに一度やっておくと、その後の勢いが抑えられる。

種類にもよるが、花のタネがこぼれ落ちる前に刈り取るなり、根から抜くなどすれば、雑草の勢力が拡大するのを減らせる。

また、春先に出た葉が生長して、根の栄養分を使いきってしまい、「さぁ、これから光合成をして栄養分を稼ぎましょう！」という新緑の時期に、地際で切ったり、根から抜いてしまうと、光合成ができず栄養を蓄えられないため、急速に衰えてくる。

真夏の草取りは日差しが大敵。キャンプ用のタープなどで日陰をつくる

その後は、できれば2週間に一度は刈るようにする。毎年続けていると、そのうちに1カ月に一度ぐらいのペースに落ちついてくる。

また、夏の暑い盛りにこそ、少しでも庭を暑苦しくさせないために雑草取りをしたいのだが、暑いと外に出る気力もない。夕方涼しくなってからやろうと思っても、蚊の大群に襲われたり、夕立が降ってきたりでままならない。

　そんなときは、キャンプ用のフレーム式タープがあると役に立つ。直射日光に当たるか否かで、体力の消耗や熱中症になる度合いはかなり違う。私たちは、このタープを移動しながら、日陰をつくりつつ除草している。

　どうしてもタープが立たない場所では、少し作業しては、建物や木陰に避難する。日陰には、水筒と自然塩を置き、塩をなめながらこまめに水分をとる。というのは、水だけを飲んでも、ミネラル分が薄まってしまい、バランスを取るために、体はかえって水分を体外に出すようにするため、脱水症状になってしまうからだ。それを防ぐためにも塩をとることが大切なのだ。塩は、ミネラル分の豊富な自然の海水塩や岩塩などがよい。

　雑草取りは、やればやった分だけ、必ず進む。

　あきらめないで、でも無理はせず、気持ちのよい汗をかきながら達成感を楽しもう。

草取りの心得

●こまめに行なうべし

　一度にやろうと思わないことが大切だ。のばし放題にしておいて、一気にやろうとすると、いやになってしまい、再びぼうぼうにしてしまう。一気にやる↓いやになる↓ぼうぼうのび放題↓いやいや一気にやる↓懲りてしまってやりたくない↓ぼうぼう、という悪循環に陥ってしまう。

　一日のノルマ（面積や時間）を決め、毎日少しずつやるというのも手だ。そうすることで、毎日庭に出るようになり、いろいろな庭の変化や、植物の生長、虫たちとの出会いを楽しめるようになるかもしれない。

●楽な姿勢で行なうべし

　根から抜く場合、しゃがんだままでは疲れるので、シートを当ててひざをついたり、座ったりして楽な姿勢で草を取る（下の写真参照）。

　だが、夢中になるとついつい時間を忘れてしまいがち。どんなに楽な姿勢でも、長時間続けるといろいろなところが痛く

ひざの下にシートを敷いて、楽な姿勢で行なう

なるので、こまめに立ち上がり、のびをしたり、背中をのばしたり、ストレッチをしながらやろう。

●日陰を利用して行なうべし

草取りの季節は紫外線の強い季節でもある。肌も気になるし、何よりも熱中症がこわい。私たちは、建物や樹木の陰を利用して、日陰へ日陰へと移動しながら行なうようにしている。これだけでも体力の消耗度はだいぶ違う。

また、芝庭中心で、あまり樹木が植わっていない庭の管理をするときもあるが、そのときはキャンプ用のタープを持っていき、日陰をつくって除草作業をする。

●一気にやるときは人数をたのむべし

どうしても一気にやりたい場合、複数の人でやるとがぜんはかどる。除草の終わった庭先で、みんなでお茶や食事などをすれば、家族間や友人間のコミュニケーションも増すことだろう。

荒れ放題の庭の除草のコツ

長い間ほうっておかれ、荒れ放題になってしまった庭の除草は、ちょっとたいへんだが、これがいちばん除草をした！という達成感が高いかもしれない。

①まずは、太い茎のもの、丈の高いものだけ、根から掘る。

②その後、ざっと見渡してめだつものを抜く。

③あとは5センチに刈りそろえる。

これで、かなりきれいに見えるはずだ（右の写真参照）。

④その後は、2週間に一度、めだつものを根から抜き、残りを5センチに刈りそろえる。

この方法を、シーズンが終わるまでくり返していく。次のシーズンは、4月下旬か5月上旬から除草作業を始める。これを3年ほどくり返していくと、だんだん丈の

除草前の荒れ果てた庭

除草後。のびた雑草で風通しが悪いと、低木や下枝が枯れこむ

小さいものしか出てこなくなる。

根から取る場合

根から取る場合は、シートを敷いて、お尻を落としたり、片ひざをついたりして、楽な姿勢で行なおう。鎌を持ち、取りたい雑草の根元近くの地面に鎌の刃を入れ、深いところで根を切るようにすると、土もほぐれ、根から抜きやすくなる。

アスファルトやレンガの継ぎ目に生えているものを抜くときは、目に沿って小鎌を引くようにすると、根から抜けやすい。

多年草の雑草の場合、小さいうちなら草取り用の鎌などを使えば抜けるが、大きくなってしまうと、簡単には抜けないものも出てくる。

そういう場合は、株ごと掘り起こさなくてはならないものもある。掘り越したあとは、土をよくふるって根っこをチェックし、途中で切れていないか確認すること。根が途中で切れていると、再び生長してくるものも多い。

とにかく、根から抜くなら株が小さいうち、丈やつるがのびないうち、葉が小さいうちに行なうことが大切だ。

地際で刈る場合

地際を刈るときの道具は、鎌か刈り込みばさみを使う。これらは中腰での作業になり、腰やひざに負担がかかるので、痛めないように気をつけてほしい。

広い場所ならば、草刈り機などの機械が便利。

隙間から生える雑草の除草前と除草後。除草の方法は、株元をしっかりと持ち、小鎌を隙間に沿って引いていくと、根も取れやすくなる

抜いた雑草の処理方法は？

枯れ葉や抜いた雑草は、そのままでも、土壌生物や土壌微生物の力で、やがて分解されて土になっていくが、雨や湿り気で、どうしても未熟な有機物の期間が長く、ナメクジやヨトウムシを呼びやすい環境をつくってしまう。そうしないためには、集めて、きちんと堆肥をつくったり、草木灰をつくるといいだろう。それを庭の土にもどせば、小さな循環をつくることができる。

●雑草堆肥のつくり方

①雑草を刈り、長いものは15センチぐらいに切る。根のあるものは、切り離して地上部だけを使う。

②夜露や雨でぬれているものは、日や風に当てて軽く乾かす（乾かしすぎると、分解が進まなくなる）。

③ある程度通気性のある容器（土嚢袋、木箱など）に、土と雑草を交互に積んでいく。

④1カ月ごとに切り返しをする。別の容器に移しながら、空気をまぜこみ、握るとだんご状になり、はらうと手につかない程度に水分を調整する。

⑤3～6カ月で雑草の原形が残らなくなったら、完成。

雑草は、雨などでぬれたものは、少し乾かすとよい。
乾かしすぎると分解が遅くなる。
長いものは短く切って投入する。
入れるたびに土をまぶすようにかける。
1カ月ごとぐらいに切り返しをするとよい。

●草木灰のつくり方

①雑草をよく乾かす。そうしないと、燃やしたときに煙が出て周囲に迷惑をかける。

②ドラム缶のなかで炭火をおこし、少しずつ雑草を入れる。一気に入れると、燃焼温度が上がってしまうので、少しずつがポイント。

③できた草木灰は、カリウム分やリン酸などのミネラル分を多くふくむので、地表にまくと土壌改良になり、花つきもよくなる。

④葉っぱに薄くまいて、葉を食害する虫の忌避剤に使う

こともできる。

思うに、昔話の「花咲かじいさん」は、草木灰をまいて植物の花つきをよくしたということなのかもしれない。

草取りの落とし穴

草取りをしていて、服にタネがついてきたり、抜いた雑草の枯れた花からふわふわとタネが飛んでいくのを見ると、雑草取りをしているのか、それとも雑草のタネをまいているのか、わからなくなることがある。タネまきを手伝っているなぁ……と思うこともしばしばだ。

なるべくなら、そうならないよう、タネのつく前に草取りをしたいものだ。


雑草は生えてくることが自然なのだ。もし、何もしないのに生えてこなくなったら、それは砂漠化の始まりかもしれない。だとすれば、雑草を根絶やしにしようとすることは、砂漠化しようとしているのと、あまり変わらない。

私たちに必要なのは、雑草が生えてくる豊かさと、どうつきあうかということなのだと思う。

抜きやすい草・抜きにくい草

草取りをしていると、簡単に抜けるもの、抜けないものがあることに気づく。

まず、簡単に抜けるものとしては、キツネノマゴ、ハキダメギク、ハコベなどの、根があまり深く張らない小型の雑草がある。

それに対しやっかいなのは、地下茎で増えていくドクダミ、スギナ、フキなどである。

雑草の根は深根性（ゴボウ根）とヒゲ根にわけられる。また、地下茎やランナーで株を増やすものもある

また、カタバミの根は案外深いし、ネジバナもかわいい姿のわりに根は取りにくい。シロツメクサやヘビイチゴも、上部だけがちぎれて根が残りやすく抜きにくい。同じくなかなか抜けないものに、深根性のものがあり、タンポポ、シロザ、タケニグサなどがある。

ほかに抜きにくいのは、つる性のもの。ヘクソカズラやヤブガラシなどは、根が少しでも残ると再生してくる。ハルジオンとヒメジョオンは中ぐらいだが、群生しているところでは、根がランナーのように次々くっついていて、砂利敷きのところなどではかなり取りにくい。

抜きにくいものは、出てきた最初の段階で抜いてしまうか、こまめに地際から刈るようにして衰退させるとよいだろう。

草取りの道具

草取りの道具には、抜くためのもの、刈るためのもの、かき取るためのものと、さまざまなものがある。

軍手・皮手袋

草刈りというと草を刈る道具ばかりに目がいくが、案外大事なのは、軍手。たまにとげのある雑草もあるので、皮手袋もひとつあると便利だ。皮手袋があると、雑草に限らず、ヒイラギモクセイやバラの手入れにも使える。

雑草のなかには有毒植物も多く、ちぎれると白い乳液状の汁を出すものがあり、皮膚の弱い人はふれると炎症を起こすこともある。素手では取らずに、夏の暑いときでも手袋の着用がおすすめ。

軍手や皮手袋は、指先がぴったりフィットするものを選ぼう。雑草取りは、指先の繊細な動きが必要になるから、もさもさする手袋だと途中で投げ出したくなる。

なお、ビニール製・ゴム製の手袋は、破れやすいうえに、蒸れてしまうので、あまりおすすめではない。

左は皮手袋、右は軍手。手袋はなるべく手にフィットしたものを使うと疲れない

小鎌（こがま）

根から抜くための除草道具は、近年、いろいろなタイプのものが出ている。てこを利用して根を掘り起こすものや、ギザギザの刃先でひっかけるようにするもの、はさみこんで引き抜くものなど、私たちもいろいろ試してみたが、半日とか、一日の長時間の作業には、シンプルな小鎌がいちばん疲れずに使いやすかった。

おすすめはミニタイプのコケ取り鎌だが、メーカーによって、名称はさまざまなので、お店で実際に確かめてほしい。鎌の刃の全長が8センチぐらいで、刃にギザギザがないものが使い勝手がよい。

これで、根をほぐして抜き取ったり、アスファルトの割れ目などから生えている雑草をかき取ったりする。

使い方は、短く持って、刃先に力が入るようにする。

小鎌は土だけでなく、コンクリートの隙間などにも使えて便利

それ以外にも、いろいろ試してみて、自分の使いやすいものを見つけるとよいだろう。

もし気に入ったものがあれば、多めに買っておくとよいかもしれない。というのも、ガーデニング商品は、時として、いきなり製造中止になってしまうことがあるからだ。

中鎌（いわゆる普通に鎌と呼ばれるもの）

鎌は使い方をおぼえて慣れないと、けがをすることもあるので注意したい。だが、使いこなせるようになれば、持ち運びも便利だし、電源がいらないので、どんな場所でも使うことができる。

中鎌は根を掘ったり、アスファルトの隙間の雑草をかき出したりするのには向かない。あくまでも、草の根を残して上部を刈るときに使う。

柄《え》を長めに持ち、スナップをきかせるようにし

中鎌は、横方向に振るように使うが、けがをしないように、注意が必要だ

て、横方向に振るように草を刈る。

ほかに大鎌というのもある。これは柄が「なぎなた」のように長い。まだ草刈り機がなかったときに、広い場所や斜面を刈るために使っていた。一般家庭の庭では、使う場面はないと思う。

エンジン式草刈り機

エンジン式の草刈り機（刈り払い機とも言う）は電源がいらないうえに、早く刈ることができる。

しかし、それなりの重さがあるので、長時間使っていると体のあちこちが痛んでくる。休みながら、または何人かで交代しながら行なわないとたいへんだ。

金属の刃とナイロン系の刃があり、どちらでも取りつけ可能なものがほとんどだ。

使い方は、あらかじめベルトで高さを調節しておき、エンジンをかけ、肩から斜めがけする。

草刈り機を使うなら、面つきのヘルメットがひとつあると便利

地表付近の小石が飛んできて危ないので、ヘルメットやゴーグル、長靴、厚手の前掛けなどで防護する。

自動車などが近くに止まっている場合は、事前に移動しておくか、まわりを板などで囲う。

ガラス窓がある場合も、板などでカバーしたほうが無難だ。

また、燃料がガソリンなので、二酸化炭素の排出があることと、排気ガスのにおいがきつく、化学物質に敏感に反応する人には不向き。

広い面積を刈らなくてはならない場合は、刈り刃と車輪をモーターもしくはエンジンで駆動する自走式のタイプがとても便利。4輪のものをハンドルで操作して使う。

自走式草刈り機（日本ではエンジン芝刈り機として市販されていることが多い）を使っている友人の話によると、刈り幅が狭いもののほうが安く、しかも使いやすい

手前がエンジン式草刈り機、奥が自走式草刈り機（写真／わたなべあきひこ）

ということだ。

友人曰く、「刈るのがいちばん難しいのが芝（しなやかで丈夫で刈られにくい）で、そのほかの雑草（ハルジオンやススキなど）だったら、草丈が1メートルくらいでもこれで刈ることができる」。

ただし、値段は高価なので、よほど大きな、できるだけ平らな庭でないかぎり、費用対効果としては考えてしまう。

自走式草刈り機の使い方（写真／わたなべあきひこ）

乗車式草刈り機はゴーカートのように乗って運転する（写真／わたなべあきひこ）

電動式草刈り機

電動式草刈り機は、エンジン式よりも軽く、女性でも扱いやすい。だが、電源がない場所では使えないことと、コードがあるために、取り扱いに注意しないとコードを切ってしまうことがある。

使い方や服装、防護の方法は、エンジン式草刈り機と同じ。

電動式草刈り機。コードを切らないように注意する。長靴をはくと足を保護できる

充電式草刈り機

充電しておくので、コードいらずで便利。しかし、バッテリーはそれなりに重い。そして、やはりパワーは今ひとつ。

電動式芝刈り機

最近は、2輪の芝刈り機のなかにも、刈り高が5センチまでのものが多くなってきた。少し前までは、5センチ程度に刈れるものはあまりなく、最高でも3センチぐらいまでだった。

それはたぶん、ゴルフ場の芝生を見て、短いグラウンドカバーが常識になっていたせいではないだろうか。

今では、各社とも5センチまで刈れるものを出しているので、買い求めるなら、刈り高をよく確かめて購入してほしい。

電動式芝刈り機は、芝を中心に、背丈の低いものを刈る。丈のある雑草は草刈り機で

注意点は、コードを切らないように気をつけて使うこと。刈った草をためる袋は、こまめに捨てる必要があること。また、ぼうぼうにしてしまった雑草を刈ると、刃にからまって止まってしまう場合もあるので、のびすぎてしまう前に刈ったほうがよい。

ジョレンと草まき

距離の長いところ、面積の広いところ、畑の畝《うね》などの雑草を取るときに使う。まだ出はじめの雑草を、地際で一気にこそげ取りたい場合は便利だ。

草まきは、地方により呼び名がさまざまあるかもしれない。

これらは、どんな雑草にも使えるが、出はじめの雑草は根が強く張っていないので、とくに適している。背丈のある雑草、根がしっかり育ってしまった雑草は、鎌や草刈り機のほうがよいだろう。

手前より草まき、ジョレン、鎌（中鎌）

刈り込みばさみ

面積がそこまで広くない場所で、雑草の根を残して、しかも雑草を芝生のようにグラウンドカバーにしたい場合に使う。芝刈り用のはさみというのもある。電気やエンジンを使う「機械」と違い、道具による手作業は、静かなのが最大のメリットだ。

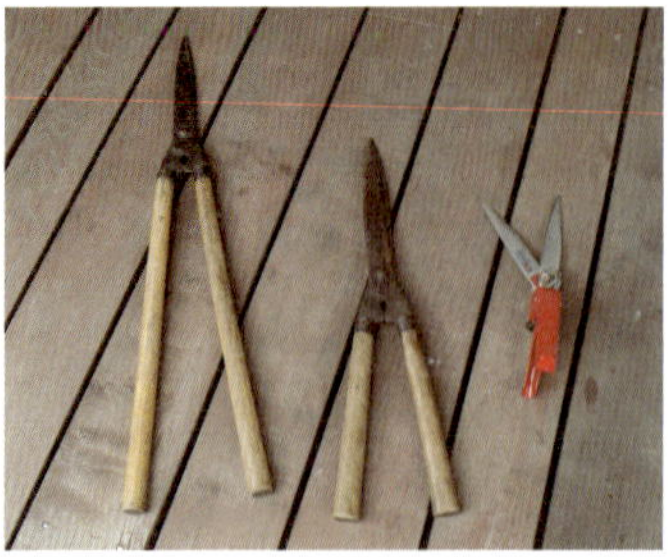
右から芝専用の刈り込みばさみ、小型の刈り込みばさみ、通常の刈り込みばさみ

基礎知識編

より深く雑草を知るために

雑草とは何か?

本書では、庭や空き地、畑などに自然に生えてくる草のことを雑草と呼んでいる。

庭では、人間が植えたい植物を植え、タネをまき、きれいな花壇や菜園をつくりたいと願うが、そんなところに招かれざる客として、雑草は勝手に生えてくる。

つまり、人間の活動にともなって、自然植生の失われたところに、生えてくる植物たちである。

つねに人の活動が行なわれるところでは、その状況の変化に合わせて、もっとも適応できる雑草たちが、入れ替わり立ち替わり生えてくる。ということは、雑草は、自立的に人間と共生できる自然の力という見方もできる。

もし雑草がまったく生えてこなくなったとしたら、そこは、砂漠か極地のような環境になってしまったということか、もしくは化学物質などの汚染により生物の活動が困難な環境になってしまったということだろう。

雑草はたいがい、どこにでも生えてくるやっかいなものとして扱われる。

しかし、それは見方を変えれば、この日本では人間がどんなに自然を壊しても、自然はつねに手を差しのべてくれているということ。そのとき最初に、そして一番身近に現われるのが雑草たちだ。

人間が自然と共生するためには、まず雑草とよい関係をつくることが必要なのではないだろうか。

雑草は、基本的には在来種だが、近代に入ってからは、外国から外来種も数多く入ってきている。その外来種の多くが、もともとは牧草や園芸種として海外からわざわざ輸入されたり、ほかの輸入品にタネがくっついたりして、やってきたものたちである。

言ってみれば、人間の社会活動によって、人間自らが持ちこんだものと言えるだろう。

たとえば、港の近くでは、外来種の雑草が多いとも言われているし、最近では、日本にある米軍基地の滑走路の延長上に、外来種の雑草が多いという話を聞いた。これは、飛行機が離着陸するさいに、車輪の扉を開け閉めするので、車輪や格納扉の内側についていたタネがこぼれるからではないかという。

それらが、その後、人間の手で管理できないようなところ、生えてほしくないところにまで勢力を拡大したことで嫌われ、根絶やしの対象にされてきたものも多い。かなり古くに帰化して、日本人の生活になじみ深い植物のなかには、近年減少の一途をたどっていたり、絶滅危惧種になっていたりするものも多い。そのなかには、イヌノフグリもあり、これはオオイヌノフグリにその座を奪われている。

雑草というより山野草と言ったほうがいいのかもしれないが、秋の七草のひとつ、フジバカマも同じく絶滅危惧種で、「園芸店で売っているものを買った」という場合でも、それは同属他種または雑種である。キキョウも、自生地が減っているという。

また、アズマツメクサやサンショウモなどの水田雑草は、県別のレッドデータブックにあげられていることが多く、地域によっては絶滅にひんしているという。

その逆に、日本から海外へ進出していった雑草もある。クズは、アメリカであっという間に増え、今では「モンスター・プランツ」「ペスト・プランツ」などと呼ばれている。数週間留守にしてもどったら、庭に停めてお

COLUMN

江戸時代にやってきたムラサキハナナ

春の夕暮れどき、ぼうっと浮き上がったように見える花が道端のあちこちに咲いている。それは、ムラサキハナナ（紫花菜、別名：ショカツサイ）。

菜の花畑というと、一面黄色というイメージだが、この花は紫色。しかも、ムラサキハナナは畑ではなく、道端や、どこからか飛んできたのか庭のなかに咲いていることが多い。

じつはこの花も、江戸時代に野菜、またはなたね油用として移入されたものだそうだ（原産国は中国だが、ヨーロッパなどにも広がっていて、どういう経路で入ってきたかは定かではない。明治時代に移入されたという説もある）。

昭和時代の後期までは、新聞紙上で「ショカツサイのタネあげます」などという投稿が見られたほど、めずらしかったという。

関東の暖かい地方では、4月上旬に咲き、蜜を求めてたくさんの虫たちがやってくる。やっとの思いで冬を越した生きものにとって、それは命をつなぐ蜜となるのだろう。

いた車がクズで覆われていた、という嘘ともほんとうともつかない話を聞いたことがある。

日本にはオジロアシナガゾウムシというクズの茎を吸汁するゾウムシがいて、クズクキツトフシという虫こぶ（虫えい）をつくる。それにクズにとっては何よりも人間がいちばん脅威かもしれない。昔は葛湯をつくったり、葛根湯《かっこんとう》などをつくるために、根から掘り取られていた。やはり、その国の暮らしに根ざした雑草は、なかなかモンスター化できないのかもしれない。

そのほかにも、ススキ、スイカズラ、アケビ、ノイバラ、オニタビラコ、ホトケノザ、ハハコグサやトキワハゼなどは北米でも見ることができる。

雑草の生活史

雑草と上手につきあっていこうとするならば、繁茂しているところだけを見るのではなく、雑草がどういうサイクルを経て一生を終え、次の世代にバトンタッチしていくのかを、全体の流れのなかでとらえたい。

ここでは、簡単に雑草の一生を見ていきたい。

一年草

タネがこぼれてから、発芽→生長→開花→結実→枯死を1年以内に行なうもの。つまり、毎年種子から生活をスタートさせるタイプのこと。

春に発芽するものと、秋に発芽するものがある。

秋に発芽し、翌春に花を咲かせ結実するものは、年をまたがって生長するが、1年以内には結実して枯れるので、「越年草」または「越年一年草」と呼ぶ。秋に発芽し、翌春に花を咲かせ結実するものには、オオイヌノフグリやスズメノテッポウなどがある。

春に発芽し、夏から秋にかけて花を咲かせる代表的なものは、スベリヒユ、メヒシバなど。

なかには、ノボロギクなどのように、種子が休眠せず、環境条件が発芽に適していれば、季節を問わず一年中咲く一年草もある。

二年草

発芽→生長→開花→結実までに1年以上かかるもの。

結実したあとは枯死する。

根に栄養分をためるのに時間がかかり、株をしっかりさせてから花を咲かせるため、1年では期間が短すぎるのだ。オオマツヨイグサは二年草だが、なかには数年たたないと花を咲かせないものもある。

多年草

一度、発芽・生長すると、季節がくれば毎年花が咲くもの。一年中、地上部が残っているものと、季節によって地上部が枯れるものがある。地上部が枯れても、地下部は休眠状態で残っている。

光合成をして得た栄養を地下部に蓄積しながら毎年大きくなる。ススキはその代表的な例で、年々株が大きくなっていき、抜くのにひと苦労する。また、ドクダミも地下茎に栄養を蓄えており、春になるとあちこちから出てくる。


以上が生育、開花による分け方だが、ヒメムカシヨモギなどは、発芽した時期によって一年草にもなれば二年草にもなるという。雑草は悪条件下でも生きのびていくので、必ずしも分類どおりにはいかない面があるのだろう。また、分類は、あくまでも人間がわかりやすいようにつくったもの。植物は人間の分類にあわせて生きているわけではないので、分類どおりにいかないものも出てくるのは当然だ。

雑草の形からの分類

雑草をよく見てみると、その形はさまざまだ。どんなに小さくても、葉や花、茎など、じつにいろいろな形をしている。

雑草の分類の仕方はさまざまあるが、雑草図鑑などで調べるときに役に立つ分類を紹介しよう。ここでは沼田眞博士による生育型を参考にして、地上部の生育形態での分類を紹介しよう。

直立型……主軸がはっきりした直立性のもので、直立した茎に葉をつける。ヨモギ、セイタカアワダチソウなど。
ロゼット型……地際で葉が広がり、茎に葉をつけないもの。タンポポ、オオバコなど。
そのほかに、ある期間だけロゼットで過ごし、のちに茎が直立してから、ロゼットがなくなるもの、ロゼットを残すものなどがある。ナズナ、ヒメジョオン、ハルジオンなど。

分枝型……茎が下部から多くに枝分かれし、主軸がはっきりしないもの。スベリヒユ、ハコベなど。

匍匐《ほふく》型……茎が地表を這い、節々から根を下ろすもの。シロツメクサ、カキドオシ、チドメグサなど。

叢生《そうせい》型……根元から多くの茎が出てくるもの。多くのイネ科の雑草。

つる型……茎がつるになり、まきついたり寄りかかったりするもの。ヘクソカズラ、ヤブガラシ、ヒルガオ、クズなど。

(『植物の生活型の話　雑草のくらし・野外観察入門』岩瀬徹著)

雑草たちのいろいろ

雑草と一口に言ってもじつはいろいろな性質があり、それぞれの雑草によって、好む環境は多様である。
雑草をやみくもに嫌って絶滅させようとしても、根絶は不可能だ。それよりも、雑草の性質をよく理解して、上手につきあう方法、対処する方法を考えたほうがだんぜん楽になる。
そのためには、よく観察することだ。そして、まずはその雑草がどういうところに生えてくるのかを理解すること。また、雑草の性質や生活史を知ることが大切だ。
雑草は生えてくることによって、その土地の状態や環境を教えてくれているとも言える。

酸性土壌を好むもの

オオバコ、コニシキソウ、シロツメクサ、スギナ、スズメノカタビラ、スミレ、ヨモギなど。
スギナは酸性土壌に生える代表選手のように言われる。たまに「スギナが土を酸性にしている」と、誤解している人もいるが、酸性の土壌を好んでスギナが生えてくるのであって、スギナが生えることで土が酸性化するのではないということはおぼえておいてほしい。

そのほかにも、強い酸性土壌を好む雑草にはオオイタドリがある。

アルカリ性土壌を好むもの

セイタカアワダチソウ、ナズナ、ハコベなど。

日本の土は多くが弱酸性だが、都市部の土はコンクリートによるアルカリ化の影響を受け、中性の土が好きな外来種が侵入しやすい環境になっている。つまり、人間の開発によって、強力にはびこる外来の雑草を増やしているとも言える。

人里に生えるもの

スイバ、カラスノエンドウ、ツユクサ、オオバコなど。

スイバ、カラスノエンドウ、ツユクサなどは、人に踏みつけられると衰退しやすいが、オオバコは踏まれることに強いので、人がよく歩くところで生き残り、群落をつくる。踏まれた靴底にタネをつけるなどして、勢力を拡大していく。

開発地に生えるもの

セイタカアワダチソウ、タケニグサなど。

日陰に生えるもの

シダ類、ツユクサ、ドクダミなど。

ドクダミは日のあまり当たらない湿った場所に生える。庭などが好きだが、よく歩く場所には出てこない。

明るい芝地に生えるもの

カタバミ、ネジバナなど。

ネジバナは鉢植えで楽しもうと思ってもなかなか難しいが、日当たりのよい芝地にはよく生えてくる。そのほかにも、芝に似ているイネ科の雑草は生えやすいものが多い。

また、土のpH《ペーハー》や、日当たりのよし悪しなどをまったく選ばない雑草もたくさんある。

pHというのは、酸性度やアルカリ度を表わす数値のこと。土壌pHが7だと中性、7未満だと酸性土壌、7以上だとアルカリ性土壌と言われている。多くの作物はpH6・0〜6・5の弱酸性でよく育つと言われているが、それはあくまでも目安。また、「日本の土は一般的に酸性のため、石灰を施すとよい」と言われるが、石灰をまくと、土が硬くなったり、土壌微生物にダメージを与えやすいので、草木灰を使うことをおすすめする。草木灰はカリウム分を中心に、リン酸やミネラル（微量元素）までもふくんでいるという。

雑草の役割

人間の生活圏内では、雑草はつねにじゃまものとして嫌われている。だが、そんな雑草も、オーガニック・ガーデンの視点から見ていくと、たくさんの役割をもっていることがわかってくる。

雑草は、必要のあるところにしか生えてこないので、ここに生えてほしいと思っても、そういうわけにはいかない。おもだったすべての雑草が生える庭、というのはなかなかないので、そう考えると、またそこに何か意味があるのかもしれない。

じつは、雑草は「すべての土壌を改良できる」と言われている。土壌の改良は園芸植物や野菜にはできないそうだ。知り合いの農業をやっている人たちは、それまで農薬や化学肥料を使ってきた土地を借りて畑づくりを始めた最初の数年は、雑草がひどく生えると口々に言う。それは、「土壌の汚染を雑草が浄化してくれているからだ」と言う人もいる。

たとえば、スギナを嫌う人は多い。その理由を聞くと、「酸性土壌に生えるから」。だが、スギナが土壌を酸性にしているわけではない。スギナは酸性土壌に真っ先に生えて、枯れたときには自らがつくり出したカルシウムで土を中和する方向へもっていってくれる。だから、スギナが生えたあとに、いろいろな植物が生えることができるのだ。

また、タンポポやアカザをはじめとする、ゴボウの根のようにまっすぐと太くのびる深根性の雑草は、硬い土を耕しほぐしてくれる。

必要なところに必要な草が生えて、土をよくしてくれているのだ。

そして、雑草は土とも共生するが、草どうしでも共生するし、虫との共生もある。これらについては、雑草編で説明している。

雑草は、どんな悪条件にも耐え、ほかの植物たちが生きていけるように土壌を改良し、耕し、緑の地球の礎をつくってくれる存在のように思える。つまり、雑草が生えるのは、壊された生態系を取りもどすための第一歩なのである。

以下、一つひとつ、雑草の役割を見ていこう。

園芸種や作物を保護し、生長を促進する

植物によっては、作物を食害する虫から保護し、生長を促進するコンパニオンプランツになるものもある。コンパニオンプランツではとくにハーブが有名で、ミントやタイムなどは庭のあらゆる植物によいとされ、食害する虫を寄せつけず、それでいて食害する虫たちの天敵を呼び寄せ、近くに植えたある種類の野菜の味をよくする効果、生長をうながす効果などがある。

ハーブは西洋の雑草のようなもの。だとすると、日本

COLUMN コンパニオンプランツ

コンパニオンプランツというと、西洋のハーブと野菜の組み合わせばかりが着目されるが、雑草にもそういう役割があるのではないかと、私たちは思っている。

今までは、慣行農法の農家は、除草剤をたくさん使っていたが、最近は、果樹園では雑草を生えさせて短く刈るだけ、という農法が定着してきているという。

これは、無農薬リンゴで有名な木村秋則さんの影響によるものかもしれない。木村さんは、森のなかの木が、まわりに草が生えているにもかかわらず、元気に育っているのを見て、リンゴ園に雑草があってもいいじゃないか！ということに気がついたそうだ。

たとえば、ヨモギはアブラムシがつきやすいので、畑のまわりに生やしておくと、いち早くテントウムシがやってくる。そして、ヨモギ以外の植物についたアブラムシも食べてくれる。アブラムシは基本的に偏食なので、ヨモギにつく種類は決まっているが、テントウムシはどんなアブラムシも食べるので、ヨモギのアブラムシをおとりに、テントウムシを呼びこむという方法だ（バンカープランツ）。

もう少し、雑草の働きぶりにも研究を広げてもらえたら、汚名返上できるのに。

で「雑草」と言われ、嫌われる草たちにも、同じような効果があっても、ちっとも不思議ではない。実際、有機農法を試みている人の本を読むと、ホトケノザが生える畑のホウレンソウは、甘みが増すという。ほかにも、そのような雑草が多くあるにちがいない。

また、トマトやナスを食害するオオニジュウヤホシテントウはイヌホオズキが大好きで、トマトよりも好むという報告もある。だとしたら、抜いてしまわないで、積極的に残す方法も考えられる。

私たちの庭での経験だが、雑草がたくさん生えていると、大切にしている園芸植物をヨトウムシやナメクジに壊滅的に食べられずにすむようだ。雑草が生えていれば、ナメクジはまず背丈の低い雑草を食べる（ナメクジだってラクをしたい）。雑草がまったく生えていないところに大事な草花を植えておけば、ナメクジはまっすぐに草花へ行き、食害してしまう。

花壇のそばのヨモギに発生したアブラムシをナナホシテントウが食べにきて、そのまま花壇の園芸植物のアブラムシも食べている光景にも出くわした。

ひざ丈ほどの雑草だらけの畑で、ほとんど虫に食べられず、ぷりぷりに大きくなったキャベツやトマトを収穫したこともある。

また、キャベツのまわりにシロツメクサが生えていると、シロツメクサにはいろいろな食害する虫がつくが、キャベツにはなぜか発生しないという。

農家では畑のまわりにトウモロコシを植え、畑の作物を食害する虫を食べる天敵を呼びこむ「バンカープランツ（おとり植物、障壁植物）」という方法を行なう人もいる。バンカーとは「bank=貯める」という意味から転じて、アブラムシなどをたくさん蓄えて、天敵を呼びこむという発想からつけられた名前だ。

また、連作を嫌う野菜であっても、雑草を生やすと大丈夫だという人もいる。

雑草のマルチ

マルチというのは、地表をわらやバークチップ、そのほかのもので覆うことをいう。

小型の雑草によってマルチされていれば、ほかの雑草が侵入できない。

雑草は、よく群れをなして同じ種類のものが生えていることが多い。これは、人間が冬にパンジーばかりを人工的に植えるようなモノカルチャー（単一栽培）とは違い、小さい雑草たちが生きぬくために、肩を寄せ合って共生している群れと見なしてもいいだろう。

もちろん、ほかの種類の雑草はいっさい認めないといった群れではない。それでも、ある雑草が先に茂っていれば、あとからほかの種類が生えてくるのはなかなか難しい。

庭でも、シロツメクサが自然と生えてきたら、それをそのままにしておくと、ほかの雑草が生えにくい。だが、シロツメクサは毎年、群落を拡大し移動する。そうすると最初のころ群落があった場所はほかの雑草に譲られる。うちの庭では、シロツメクサのあとに、チヂミザサが群生してきている。

また、群生するタイプの雑草の多くは、ほかの植物の発芽を抑制する物質を出している場合が多い。これを他感作用＝アレロパシーという。

たとえば、セイタカアワダチソウは自分の出す化学物質によりほかの雑草を抑制するが、やがて自家中毒を起こし、近年はだんだん個体数が落ち着いてきていると言われる。また、メヒシバ、ヨモギ、ヒメジョオンや、最近では急激に勢いを増しているナガミヒナゲシにもこの作用が見られるという。

土の固定

雑草が地面を覆い、根を張ることで、表土を固定し、土が侵食されるのを防ぐ。

私が住んでいるのはお茶の生産地として名高い地方だ

COLUMN

アレロパシー（他感作用）

「アレロパシー（他感作用）」とは、ある植物からほかの植物や微生物になんらかの影響をおよぼす化学物質が放出される現象のこと。

ヨモギやシロツメクサ、エノコログサなど、同じ植物種が群れをなして生えているものは、アレロパシーをもつものが多い。

最近では、アレロパシーを研究して、雑草や病虫害の防除、連作障害の防止に利用したり、コンパニオンプランツを解明しようという動きもある。

が、強風が吹くと、茶畑から土が舞っていく。雑草が生えていれば、土を固定して、風や雨による侵食を防いでくれるだろうに、といつも思って見ている。

昔は、田んぼの畦は草を生やすことで崩れないようにしていた。また、植木屋として独立する前のことだが、私たちは、某鉄道会社の研究機関で行なっていた、土で山をつくってタネをまき、傾斜地がどのぐらいまでなら雑草で土留めできるかの研究にかかわったこともある。

土壌微生物や土壌菌をはぐくむ

地表近辺の土壌微生物や土壌菌は、紫外線の影響を受けやすい。そこに雑草が生えていれば、紫外線から身を守ることができる。また、雑草は地表面の急激な乾燥を防ぎ、湿度を保ち、土壌菌や土壌微生物を保護する。

気温を調整する

夏に気温が高くなっても木に茂る葉は枯れないが、枝から切り離すとみるみる茶色く枯れていく。気温が高くなると、葉にある穴（気孔）から水を蒸発させ（蒸散）、気化熱で葉温《ようおん》（植物にも、人間の体温のようなものがあり、葉温という）を下げているのだ。こうやって、植物自身の葉温を下げることが、気温を下げることにもなっている。

もちろん、雑草も植物なので、蒸散によって気温を下げてくれている。アスファルト近くにくらべ、雑草が生

COLUMN

茶畑と春一番

私の住むところは「茶どころ狭山《さやま》」のすぐ近く。

お茶畑の近くを車で走っていると、いちばん困るのが、春先に吹く強風である。あるときは、フロントガラスの前が茶色い砂塵に覆われる。

砂嵐の正体は茶畑の土。

除草剤をまいているせいで、雑草がまったく生えず、土が風で侵食されてしまうのだ。もしここに雑草が生えていたら、土は飛んでいかないだろうに。

土が1センチ堆積するのに、10年以上かかると言われているのに、なんてもったいない、と思う。そう、雑草は土が風で飛んだり、雨で流れないように、しっかりと大地につかまえていてくれるのだ。そして、その根は土を耕し、豊かにしてくれる。

えている土の上では暑さが和らぐ経験は多くの人にあるだろう。

また、「フラクタル理論」といって、枝や葉など、大小の相似形のものが重なっているだけで、気温を下げる効果があり、建築などにも応用されている。雑草はどんなに小さくても、同じ効果が得られる。

さらに、どんなに寒くても、その地域の在来の常緑植物の場合、その葉が凍ることはない。ということは、植物自体は零度以下にはならないということだ。

つまり、その植物があることによって、その地域の温度は下がりすぎずに保たれていると言えるだろう。砂漠で、一日の寒暖差が何十倍にもなるのは、植物がないために温度調整ができないからだ。

最近、雑草を嫌ってか、家のまわりを砂利敷きにしたり舗装しているのをよく見かけるが、緑の草が生えていると、夏の照り返しを和らげてくれるのに、と思う。

養分となる雑草

雑草が枯れると、葉や茎や根が養分（自然の堆肥）となり、土中の微生物を活性化する。

よく、「雑草が土の養分を取る」という話を耳にするが、それは人間が中途半端なところで引き抜いてしまうからで、その場で雑草が枯れれば、光合成によって養分を蓄えた葉や根はすべて、有機物としてそこの土に還っていき、土を豊かにしてくれる。

レンゲや、シロツメクサ、アカツメクサ（両方ともいわゆるクローバーとも呼ばれる）などの窒素を固定するマメ科の植物のタネをまき、生えてきたら土にすきこんで肥料（緑肥）とする農法もある。

土を浄化する

土が酸性に傾いていれば、酸性が好きな雑草が生え、アルカリ性に傾いていれば、アルカリ性が好きな雑草が生える。そうして、多様な土壌微生物が増えて、時間をかけて土が中性になるようにしてくれている。

また、太くてまっすぐな深根性の雑草は、土が硬いところでは、その根っこで土を耕してくれている。

知り合いのインド料理レストランのオーナーは、お客に提供する野菜を自身でも自然農法で栽培している。彼が言うには、「夏に雑草をよく生やすと、雑草が毒素を吸収してくれるので、その後の土がよくなる」とのことだ。

小動物たちをはぐくむ

雑草を刈ると、たくさんの生きものがあわてて逃げたり、ガの幼虫などは逃げることもできずに鳥の餌になってしまうこともある。また、虫食いだらけの雑草たちも数多く見る。つまり、雑草は小動物の棲み処や隠れ家や食物になり、生物の多様性を保ってくれているのだ。

酸素をつくり、二酸化炭素を固定する

どんな小さな雑草の葉でも、光合成をして二酸化炭素を吸収して酸素をつくってくれている。そのなかでもとくに効率よく二酸化炭素を取りこめるものを「C4」植物というが、ススキ、イヌビエ、メヒシバ、エノコログサ、カヤツリグサ、スベリヒユなどは、その代表的な雑草だという。(『雑草のはなし』田中修著)

土と雑草の関係

オーガニック・ガーデンにとって土は大切なもの。土を生きものと考えれば、化学肥料だって使いたくないし、まして農薬をまくというのもしたくない。

だが、多くの園芸家や農業家は、土を生きものではなく、たんに植物を支えるための基材としか見ていない。だから、「養分は外から入れてやらないといけない、虫がついたら薬をまかないといけない」と考えるのだろう。その考え方は、土に宿っているいのちを無視しているように見える。

地球上で黒い10センチの土ができるには、100〜200年かかるという。岩石が風雨に侵食されて細かく砕けた粒に、枯れ葉や動物の排泄物・死骸などの有機物を土壌微生物が無機物に分解したものが合わさり、植物たちが利用できる土となる。土はいのちの営みとともにつくられ、地上の生態系を支えるかけがえのないものなのである。

そして土があれば、まずそこに生えてくるのが雑草だ。

雑草はやっかいものと嫌われるが、よく観察すると、その土がそのときに必要としている植物が生えてくることがわかる。酸性にかたよった土地であれば、まずスギナなどの酸性を好む草が生えることで土壌微生物が活性化して、酸性土壌が改善されていく。

また、硬い土には、ゴボウのような直根をのばすタイプの雑草が生え、土は深く耕される。根を張ることで土に空気の通り道をつくるという働きだけでなく、毛細根《もうさいこん》（水分や養分を取りこむ先端部分の細かい根のこと）が酸を出して石や砂利などを少しずつ溶かし、菌類とともに土壌を改良してくれてもいる。

わが家の庭に、川のすぐそばで一年中湿った水はけの悪い場所があるが、そんな環境のなかでも、必ず生えてくる雑草はある。

庭のなかには、水はけや土の状態、日当たりの悪いところが、必ず1カ所ぐらいあると思うが、そういうところに、雑草はいっさい生えてこないだろうか？　そんなことはないだろう。

踏み固められたところ、乾燥しているところ、湿気の多いところ、日当たりがよいところ・悪いところ――そ

COLUMN

雑草が野菜を育ててくれる

ドイツでは、草と共生する「粗放化農業」が進められており、作物の収量に影響が出ない程度に雑草を残す農法に助成金が出されているという。

日本でも、宮城県で自然農を営んでいる「丸森かたくり農園」の北村みどりさんが、雑草と共生する農法にチャレンジしている。自然農とは、耕さない、有機肥料も使わない、雑草はそのままか、抜かずに倒す程度、という自然に近い農法のこと。

２０１０年春の低温続きのとき、「やさいの気持ち」という手書きの通信にみどりさんはこう書いている。「ここのところの低温で野菜の生育が悪い。だが、そんななかでも、草が生えているほうが、野菜は元気」。

また、２００９年８月号の通信には、「ホウレンソウやレタス、ゴボウの根っこがスーッと入っていける土にするために、米ぬかや油かす、敷き草などを試したが、あまりよい結果は得られなかった」とある。そこで、今までじゃまだなぁと思っていた深根性の雑草であるタンポポ、オナモミ、アカザ&シロザ、ハルノノゲシ、ノアザミ、ギシギシなどを意識的に残していくことを試みている。結果がわかるには、まだ数年かかるだろうが、報告を楽しみにしている。

れぞれの土に適した草が葉を茂らせて根を張り、土壌生物たちが活発に活動できる環境を整え、少しずつ土を改善していってくれる。それにともない、雑草のラインアップも、毎年少しずつ顔ぶれが違ってくる。

つまり、雑草はその場所がどんな環境なのかを教えてくれているのだ。

土壌菌と雑草

植物にとって重要な土壌菌に、菌根菌という菌類がある。土と植物を結ぶ役目をする菌で、人間でいう腸内細菌のような存在である。菌根菌が植物の根に共生することで、土中の養分を植物に供給してくれる。かわりに菌根菌は、植物が光合成によって蓄えた炭水化合物を得て成長していく。マツに生える松茸のように、特定の植物に共生する菌根菌も多いが、さまざまな種類の植物と共生する菌根菌もいる。

雑草の根と共生関係を結ぶ菌根菌もいる。マメ科の植物は窒素を固定するのに土壌菌と協力をする。とくに根粒菌との共生が有名だ。

よい土と悪い土

さて、よく問題にされるのは、よい土と悪い土の見わけ方だ。

いったいどういう土がよい土なのだろうか?

答えは、「植物によって全部違う」が正解。

乾燥を好むもの、湿気を好むもの、アルカリ性を好むもの、酸性を好むもの……植物によってさまざまだ。

とはいっても、基本的には団粒《だんりゅう》構造で、水はけがよく、それでいて保水性があること。

団粒構造となっているかどうかを調べるには、ペットボトルに水を張り、土を入れて、水が澄むのにどのぐらい時間がかかるかを見る方法がある(『スローでたのしい有機農業コツの科学』西村和雄著)。すぐに濁りが沈殿して、水が澄んでくるのは、団粒化している土。濁りがなかなか取れないものは、団粒化していない土だ。

もっと簡単な目安は、自分の庭にミミズがいるかどうかということ。たくさんいれば、土壌菌と協力して団粒構造に富んだよい土をつくってくれる。農薬や化学肥料でミミズを追い出さなければ、だんだんよい土になっていくだろう。

　まったくミミズがいないのは、化学肥料や農薬で土の汚染がひどい場合か、もしくはきちんとバランスが取れて団粒構造になりきっていて、ミミズの出番がない場合。

　前者のように、土の状態に自信をもてない場合は、化学肥料や農薬を使わずに3年ぐらいは観察を続けてほしい。ミミズは化学肥料に使われている硝酸塩などを嫌うので、化学肥料を使えば使うほどいなくなってしまう。

　多くの園芸関係の本には、よくpHについて書かれているが、庭でいちいちpHを測るわけにもいかないし、植物にも酸性が好きなものやアルカリに傾いた土が好きなものまでいろいろある。

　また、赤い土は悪くて、黒い土はよいと思いこんでいる人もいるが、必ずしもそうとは限らない。粘土質でなければ、むしろ、赤土のほうがいい場合もある。

　ここで、有機と無機の違いについて説明しておこう。

　農業でも園芸でも有機栽培とは、植物に有機肥料を与えて育てる方法で、有機肥料を植物がそのまま吸収・利用していると思っている人は多い。だが、植物は無機物でないと利用できない。

　では、なぜ有機肥料を与えるの？

　有機肥料ってどういうもの？

という疑問がわくのではないだろうか。

　簡単に言ってしまえば、有機肥料とは、直接植物の栄養になるのではなく、微生物たちの餌になるものだ。有機肥料を施すと、微生物が活発に働いて、有機物をもうこれ以上分解できないところまで分解してくれる。そうして有機物は無機物になり、植物が利用できる状態となる。

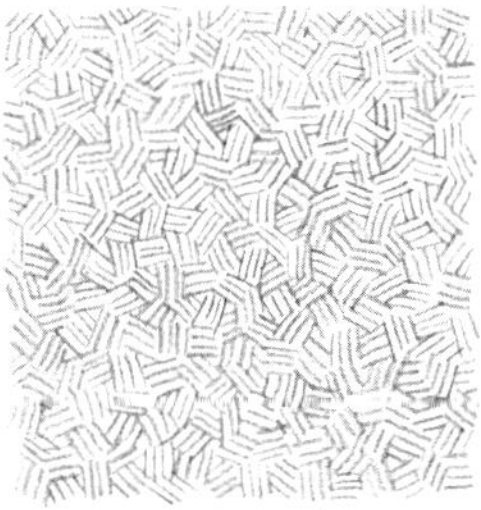

単粒構造
細かい土の粒子がびっしりとつまっているために、土壌は硬く、また通気性も水はけも保水性もよくない

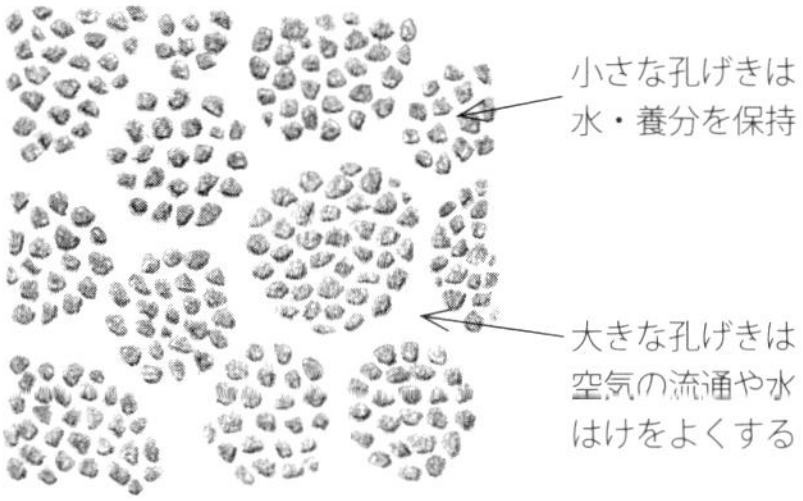
小さな孔げきは
水・養分を保持
大きな孔げきは
空気の流通や水
はけをよくする

団粒構造
団粒構造の土は、団粒と団粒の隙間に空気や水を十分に蓄えることができる

ちなみに、無機物とは窒素・リン酸・カリウムなどの主要栄養素とマンガンや亜鉛などの微量元素などのこと。

黒土は有機物をたくさん抱えこんでいるので、黒い色になる。それは分解していない有機物が多いということでもある。逆に赤い土のほうが、有機物の分解が活発に行なわれている場合もある。

もちろん、化学的な資材を使わず、良質な有機質の堆肥でていねいに時間をかけてつくられたふかふかの黒い土は、いい土にちがいない。だが、色だけで、単純に決められないことも多く、赤い土だからといって悪いとは限らない、ということはおぼえておいてほしい。

また、土の色や軟らかさなどだけでなく、その土地の水はけや、地下水位なども、植物の生育にかかわってくる。

たまに「庭の土が硬いのだが、全部入れ替えたほうがいいのだろうか?」という質問を、お客さんからされることがある。土が硬いのは、植物にとっては過酷な状況だが、そういう場所でも育ってくれる植物はある。もし、その硬い土のままでも木や草が元気に育っているなら、そんなに心配することはない。どんな雑草が生えてくる

COLUMN

無機物を利用する植物

植物が必要とするものは窒素、リン酸、カリウムという三大栄養素と亜鉛やマンガンなどのミネラル分であり、これらはすべて無機物である。

「有機農業」という言葉があるので、植物は有機物で育つと思っている人が多いと思うが、じつは無機物に分解されないと、植物は吸収できない。

無機物というのは、有機物がいろいろな生きものに食べられ、分解され、もうこれ以上分解できない状態になったもののことだ。つまり、有機肥料というのは、土壌微生物の餌なのであり、直接植物が取りこめる栄養ではない。

そうやって、生きものたちに利用されつくし、分解されつくしたものを植物は利用して、有機物をつくり、成長していく。これが循環ということである。

裸地になったときに、まず循環の最初をつくってくれるのが、雑草なのだ。

のか、じっくり観察してほしい。

問題は、新たに樹木を植えたいとか、花壇をつくって草花を楽しみたいというときだ。

そういうときは、経済的にも労力的にも負担がかかる方法を選ばずに、樹木を植える部分だけ、花壇をつくるところだけ、土を入れ替えるなどすればいいだろう。

樹木であれば、植えるものの根鉢よりも一回りか二回り大きいぐらいの面積で、根より10センチぐらい深いところまでの土を入れ替える。花壇であれば、30センチぐらいの深さでいいだろう。

ゴチゴチに硬くて、木も根を張れないようで元気がない、という場合は、割った竹を土中に差しこんで、酸素を確保し、保水するという方法を、樹木医でNPO法人樹木生態研究会代表の堀大才さんから教えてもらった。

これまで実践してきて、かなり効果があるそうだ。

硬い土での植樹は、割り竹を埋めて酸素を確保し、保水する

化学肥料と有機肥料

私たちは、自分たちでつくった生ごみ堆肥しか使わないようにしている。

生ごみ堆肥も、飲食店などから出たものや自治体などで回収してつくる場合、生ごみに残留農薬や添加物などがまざる場合があるからだ。できるだけ食材に気をつけて、自宅でつくるのがベストなのはもっともだが、生ごみ堆肥を自宅でできない人にとって、どういうことに注意して土づくりの資材を購入すればいいのか、ポイントをお伝えしたいと思う。

化学肥料

化学肥料は農薬と違って栄養なのだから、いいのでは？という人もいる。

私たちは、肥沃な土地がすばらしいと思っているが、それは人間の側から見た言い分であって、多様性から見れば、やせた土地が好きな植物もいる。自然界では、やせた土地も必要とされているのだ。つまり、化学肥料を使うことで土地が富栄養化してしまい、それによって衰退せざるをえない植物もあるということだ。

化学肥料は植物に直接的に栄養を与えるが、ふくまれている硫酸などの化合物が土壌微生物にダメージを与える。だから、ミミズなどは化学肥料を使っているところにはあまりいないはずだ。

しかも、化学肥料のリンは、鉱山にあるリン鉱石を掘り出してきてつくる。掘り出されるときには、リンだけではなくて、微量だが必ずカドミウムがついてくる。

生態系に必要のないもの、有害なものは、長い歴史をかけて地球が地殻に閉じこめてきたのだが、化学肥料を使うことで、一度閉じこめられた有害物質が地上にどんどん拡散していく。

循環する持続可能な社会を考えたとき、石油や石炭、化学肥料の原料もふくめ、「地中にあるものを掘り出さずにすむ」ような社会システムに変えていくことが大切だろう。そのためには生態系を理解して、そのうえで暮らし方の新しい価値観をつくらなければいけないときがきている。

化学肥料や農薬を使うことは、生物によってつくられてきた土の歴史を断ち切ることになる。

また、化学肥料は、植物に直接的に三大元素（窒素・リン酸・カリウム）を与えるので、生長は早いが水太りのような状態になってしまう。タンパク質の合成が過剰で、アミノ酸を多くつくり糖分過多になってしまうため、水分と糖分が多い状態になり、アブラムシやカイガラムシなどをはじめとする吸汁タイプの虫を呼びこむことになる。

このような虫たちは野や山では大量に発生することはほとんどなく、化学肥料を与えたり農薬をまいたりしている、街路樹や集合住宅の共同緑地、個人の庭など、人間の手が過剰に入る場所で発生することが多い。

ほかにも、多くの化学肥料は硝酸塩とリン酸塩をふくんでいるので、土が酸化しやすく、極度の酸性を嫌がるミミズが棲みつかなくなり、土が団粒化しにくくなる。さらに、硝酸塩の一部が大気汚染物質のひとつであり、酸性雨と地球温暖化の原因のひとつでもある窒素酸化物として放出される恐れがある。

また、土に雨水がしみこんだときに、硝酸液が混入すると水質汚染が生じるし、余剰の養分が川や海などの環境中に拡散し、生態系のバランスを崩す。

環境だけでなく、人体にも影響があり、食用作物中に、有毒であることが疑われる残留物が増加するという問題も指摘されている。

土壌改良剤

化学肥料とともに使われることが多い土壌改良剤は、人間でいえば、ビタミン剤のようなもの。土づくりができていれば、基本的に必要はない。

とくに園芸資材として売られているもので、ミネラルなどを添加しているものは、どういうものからつくられているかわからないことと、微量成分が多く入りすぎていて土のバランスを崩し、土壌微生物にとっても植物にとっても望ましくない。そもそも土壌改良剤とは、本来そこでは育たないものを育てようとするから必要になるのであり、オーガニックの考え方とはかけ離れていると思う。

なお、土壌改良材のひとつでバーミキュライトは、産地によってはアスベストがふくまれていることがあるという。原産国の表示はしなくてもいいことになっているが、リスクを避けるためにも表示してほしい。

有機肥料

では、有機肥料ならすべて安心かというと、そうとも言えない。

牛の餌に抗生物質がまざっていたり、ホルモン剤を投与している場合が多いので、当然牛糞にはそれらが残留することになる。鶏糞や豚糞にも同じことが言える。

油かすも、最近は、油を圧搾してしぼるのではなく、有機溶剤のヘキサンを使って抽出する場合が多く、搾りかすにヘキサンが残留している可能性がある。

腐葉土は輸入品が多いのだが、植物防疫によって海外から持ちこまれる病虫害のチェックを受けるために、あらかじめ輸出国で殺虫剤や殺菌剤などの農薬で処理をしている可能性も否定できない。

「殺虫剤や殺菌剤をいっさい使用していない」とわざわざ表記している腐葉土もあるので、ということは、農薬使用の腐葉土もあるということだろう。

腐葉土やガーデニング培養土には原産国の表示義務がないので、実態は不明である。これでは注意のしようも

肥料と堆肥の違い

「あまり考えずに、肥料や堆肥などと言っていたが、その違いは何？」と、聞かれたことがある。

堆肥とは、有機物を水分調整をして熟成させたもの。要するに植物が栄養として取りこめるように、土壌微生物が分解して無機物にできるようなもの。つまり土壌微生物の餌となるものだ。具体的には、生ごみや落ち葉などの有機物を熟成させてつくったものを指す。

それに対し、肥料には、堆肥もふくまれるし、それ以外のもの（化学肥料、米ぬか、魚粉、骨粉、油かす、厩肥など）もふくまれる。植物の栄養になるもの全般を指す。

ないが、あまりに安いものは避けたほうがよいだろう。

では、日本のものが安全かというと、そうとも限らない。

腐葉土は完熟するのに時間がかかるため、商品として流通させるには効率が悪い。そこで、速成でつくるため、硫安などをかけて葉を茶色く変色させ、腐葉土に見せかけているものもあるらしい。極端に安売りしている腐葉土や、封を切ったときに鼻をつくような異臭があるものは、注意が必要だ。

信頼できるものが手に入らなければ、腐葉土は自分でつくりたい。街路樹などの落ち葉にクレームがつく時代だが、じつは落ち葉は宝の山なのかもしれない。

（資料提供：反農薬東京グループ「てんとう虫情報」）

除草剤の問題点

雑草を一気に片づけたいと、除草剤をまく人もいるだろう。なかには、自分はまきたくないのだが、隣の人が畑や家の周囲に、「親切」で除草剤をまいてしまったという話をよく耳にする。

じつは、植木屋になりたてのころ、長期で家を不在にしているお宅から雑草対策を依頼され、そのころはオーガニックで庭を管理する方法を知らなかったので、私たちも選択性の除草剤（イネ科は枯らさないが、それ以外のものを枯らす除草剤があり、水田や芝生などで使われる）を使用したことがある。

その20平方メートルぐらいの小さな庭には、隣家との境にサワラという針葉樹が何本か植えられていた。除草剤をまいたあとは、たしかに雑草の勢いはなくなったが根絶はできず、それどころかサワラの木が徐々に弱っていった。

もちろん私たちは木のことも考えて、サワラの近くでは除草剤を使わないようにしたのだが、針葉樹の根は浅いので、雨でしみこんだ除草剤の影響をもろに受けたのではないかと思う。

このように、除草剤が与える影響は大きく、雑草だけでなく、近くの植物、地表付近の虫や微生物、地中のミミズやバクテリアなど、生態系におよぼす影響は計り知れない。

除草剤だけでなく、殺虫剤などの農薬も、噴霧したときの飛散や、雨で流れ落ちたものが土にしみこみ、土壌生物や土壌微生物たちにダメージを与える。

最近では、除草剤に対する抵抗性のあるもの、つまり、今まで使っていた除草剤をまいても、枯れなくなった雑草も現われていて、スーパー・ウィード（super weed＝超雑草）と言われている。

日本でも、ハルジオン、ヒメジョオン、ヒメムカシヨモギなどは、「ラウンドアップ」（1970年にモンサント社が開発した除草剤のひとつ。有効主分はグリホサートや、それに類する除草剤）に対する耐性を獲得していると言われている。

除草剤をまいていると、コケが生えてきやすいという報告もある。除草剤によって土が劣化すると、過酷な条件で生きられるものが生えやすくなるので、コケだらけになるというのも、ありうる話だと思う。

ところで、「安全な除草剤」といううたい文句の商品も出まわっている。天然のものでつくってあるから安全だということらしい。

だが、除草剤の主成分に化学物質を使用していないにしても、それらを安定した品質で家庭まで届け、ある程度の期間保管できるようにするためには、主剤以外に化学的な添加物が加えられている場合があり、それが環境汚染を引き起こしているケースもある。

そもそも、オーガニックとは「いのちの有機的なつながり」を意味する言葉。仮に、天然の素材であっても、雑草を枯らしてしまう、つまり有機的なつながりを断ち切る薬品は、オーガニックとは呼べないだろう。

人間に対する対処法

近隣の人に「親切」で、自分の敷地内にまで除草剤をまかれてしまうときは、日ごろから見苦しくない程度に雑草を刈りそろえて、除草剤をまいてほしくない理由をきちんと伝えてみよう。

また、単刀直入にまかないでほしいとは言いにくいし、人間関係を損ねたくない場合は、やんわりと「まくときは、前もってお知らせください。植木鉢や洗濯ものはしまっておきますので」などと、伝えてみてはどうだろうか。

そんなことから、農薬の危険性や、土中の微生物の話にもふれ、オーガニック・ガーデンへの理解を広めていくきっかけになればと思う。

COLUMN

いのちのめぐる庭

植木屋になりたてのころ、雑草ってジャマだなぁと、正直思っていた。だから、なんでもかんでも根っこからぼんぼん抜いていたものだ。そして、お客さんからは、きれいになったと喜ばれていた。けれども、そのうちに虫に興味をもちはじめ、雑草が多くの虫たちに蜜を与え、葉を食べさせ、隠れ家や棲み処となっていることを知り、雑草が生きものたちの多様性を支えていることに気づいた。そこからようやく雑草と私たちとのつきあいが始まったのだ。

疲弊した大地を癒し、土を豊かにするのは、菌や微生物、それに雑草だという。だとすると、オーガニックということを、雑草の存在を抜きに考えることはできない。オーガニック・ガーデンでは、園芸種だけではなく、雑草をうまく庭に取り入れ、大地のパワーを感じる「いのちのめぐる庭」をめざしていきたいと思う。そんな庭が増えたら、流行や消費に流されない、地に足のついた暮らしの文化が育つだろう。

参考文献

■雑草に関する本

『柳宗民の雑草ノオト』柳宗民著、毎日新聞社
『雑草にも名前がある』草野双人著、文春新書
『雑草のはなし　見つけ方、たのしみ方』田中修著、中公新書
『草手帖』かわしまよう子著、ポプラ社
『身近な雑草のゆかいな生き方』稲垣栄洋著、三上修絵、草思社
『野の花さんぽ図鑑』長谷川哲雄著、築地書館
『土と雑草』ジョセフ・A・コカヌア著、岡田隆一+戸川英胤訳、農山漁村文化協会
『雑草生態学』根本正之編著、朝倉書店
『生物教師のフィールド・ノート　雑草のくらしから自然を見る』岩瀬徹著、文一総合出版
『植物の生活型の話　雑草のくらし・野外観察入門』岩瀬徹著、全国農村教育協会
『図と写真で見る似た草80種の見分け方　これだけ知ればあなたはプロ』浅野貞夫+廣田伸七編著、全国農村教育協会
『ミニ雑草図鑑　雑草の見分けかた』廣田伸七編著、全国農村教育協会
『たのしい自然観察　雑草博士入門』岩瀬徹+川名興著、全国農村教育協会
『タンポポとカワラノギク　人工化と植物の生きのび戦略』小川潔+倉本宣著、岩波書店
『都会の草花図鑑』秋山久美子著、八坂書房
『雑草のくらし　あき地の五年間（福音館の科学の本）』甲斐信枝著、福音館書店
『ざっそう（かがくのとも傑作集　どきどきしぜん）』甲斐信枝著、福音館書店
『身近な雑草のふしぎ』森昭彦著、ソフトバンククリエイティブ
『身近な野の花のふしぎ』森昭彦著、ソフトバンククリエイティブ
『街でよく見かける　雑草や野草がよーくわかる本』岩槻秀明著、秀和システム
『にっぽんの里遊び入門　田んぼで遊ぼう！』里と生きもの

ネットワーク編、地球丸

■コケ・地衣類に関する本

『地衣類のふしぎ』柏谷博之著、ソフトバンククリエイティブ

『校庭のコケ　野外観察ハンドブック』中村俊彦＋古木達郎＋原田浩著、全国農村教育協会

■タネに関する本

『草のちからたねのふしぎ　草のたねを育ててみよう』おくやまひさし著・写真、偕成社

『身近な植物に発見！　種子たちの知恵』多田多恵子著、NHK出版

■土に関する本

『土いじりが楽しくなる本　生物を育む土の実用知識』アクア・ルーム編、技術評論社

『土と雑草』ジョセフ・A・コカヌア著、岡田隆一＋戸川英胤訳、農山漁村文化協会

『スローでたのしい有機農業コツの科学』西村和雄著、七つ森書館

『ニンジンから宇宙へ』赤峰勝人著、なずな出版部

『有機畑の生態系　家庭菜園をはじめよう』三井和子著、海鳴社

『無農薬で庭づくり』曳地トシ＋曳地義治著、築地書館

『オーガニック・ガーデンのすすめ』曳地トシ＋曳地義治著、創森社

■虫に関する本

『虫こぶハンドブック』薄葉重著、文一総合出版

『オトシブミハンドブック』安田守＋沢田佳久著、文一総合出版

『野外観察図鑑　昆虫』旺文社

『山溪フィールドブックス　甲虫』黒沢良彦＋渡辺泰明解説、栗林慧写真、山と溪谷社

『日本産幼虫図鑑』学習研究社

『昆虫の食草・食樹ハンドブック』森上信夫＋林将之著、文一総合出版

『虫と草木のネットワーク』高林純示著、東方出版

『ノイバラと虫たち（たくさんのふしぎ傑作集）』藤丸篤夫著、福音館書店

『虫といっしょに庭づくり』曳地トシ＋曳地義治著、築地書館

■生物全般や生態系に関する本

『にっぽんの里遊び入門　田んぼで遊ぼう！』里と生きものネットワーク編、地球丸

『絵でわかる生態系のしくみ』鷲谷いづみ著、後藤章絵、講談社

『フィールドガイドシリーズB　指標生物　自然をみるものさし』（財）日本自然保護協会編集・監修、平凡社

■除草剤に関する本

『農薬毒性の事典　第3版』植村振作＋河村宏＋辻万千子著、三省堂

■雑草と暮らしに関する本

『にっぽんの里遊び入門　田んぼで遊ぼう！』里と生きものネットワーク編、地球丸

『作ろう草玩具』佐藤邦昭著、築地書館

『くう・ねる・のぐそ　自然に「愛」のお返しを』伊沢正名著、山と渓谷社

■庭仕事に関する本

『無農薬で庭づくり』曳地トシ＋曳地義治著、築地書館

『オーガニック・ガーデンのすすめ』曳地トシ＋曳地義治著、創森社

『園芸家12カ月』カレル・チャペック著、小松太郎訳、中公文庫

■外来種・移入種に関して

特定外来生物リスト

http://www.env.go.jp/nature/intro/1outline/list/index.html#sho

要注意外来生物リスト

http://www.env.go.jp/nature/intro/1outline/caution/list_sho.html

おわりに

雑草の本を書こうと思ったのは、『虫といっしょに庭づくり』の読者からの、「雑草の本もあればいいのに」という声がきっかけだった。

オーガニックな庭づくりをするなかで、庭のいろいろな雑草たちと出会ったつもりになっていたが、いざとなると名前もうろ覚えだったり、いつ咲くのかわからなかったりで、あまりにも雑草それぞれの特性を意識していなかったことに気づかされた。

ところが、いざ目を凝らして見ると、その世界の面白いこと、面白いこと！

葉の形もさまざまで、ふたつと同じものがない。それは、同じ種類であっても、だ。種類によっては、葉の切れこみが浅いもの深いものなど、ほんとうに個性的。やりたいように生きている。そして、それほど一つひとつが個性的であるということは、どんな場所にも対応していける柔軟さがあるということ。だから、雑草を抜いたり、刈ったりしているつもりが、じつはタネまきの手助けをしている、なんてこともままある。

たいがい雑草を抜いたり、刈ったりしなければならないことが多いが、敵ではなく、ともに生きるものとしてつきあっていけたらと思う。そういう目線をもつことが、持続可能な暮らしに向けてのひとつのステップとなるような気がする。

この本を書いているさいちゅうに東日本大震災が起き、福島第一原子力発電所の事故により、大地や空や海にまで、放射能の汚染が広がっている。今までオーガニック・ガーデンに取り組んできた者として、たいへんショックな出来事だ。

自然はさまざまなものを浄化する力がある。水俣湾が水銀で汚染されたあと有機水銀を分解する細菌が現われた。それをもとに『風の谷のナウシカ』の腐海《ふかい》の話が書かれたと聞いている。だとすると、これからは、いのちのつながりを取り戻すためにオーガニックという考え方はますます必要になるだろう。

ライターのわたなべあきひこさん、自然農実践家の北村みどりさん、友人の佐藤浩一さん、樹木医の岩谷美苗さん、ネイチャー・インタープリターの池竹則夫さん、日本オーガニック・ガーデン協会のメンバーである遠山勉さん、池添トモ子さん、吉川久美子さん、サイト「Partial 博物記」の管理人のMarli Tanabe さんには、大切なお写真を提供していただきました。

また、コケや地衣類に関しては写真家で糞土師の伊沢正名さんから、雑草のうどんこ病については三重大学の高松進教授から、多くのことを教えていただきました。さらに、長年田んぼの雑草の研究に取り組んでいらっしゃる元鳥取大学教授の藤島弘純さんには、原稿をお読みいただき、たくさんの貴重なアドバイスをいただきました。幼稚園時代からの幼なじみである田中明美さんが、すばらしいブックデザインをしてくださり、感激です。最後に、私たちを励ましつづけてくださった編集者の橋本ひとみさんに心からお礼申し上げます。

たくさんの方々に支えられてこの本ができたこと、心より感謝します。そう、雑草たちにも！

２０１１年３月吉日

曳地トシ・曳地義治

【ヤ行】

【ラ行】

【ワ行】

【ナ行】

【ハ行】

【マ行】

【サ行】

【タ行】

雑草名索引

太字は雑草編での解説ページを示します。

【ア行】

【カ行】

【著者紹介】

ひきちガーデンサービス

撮影／須貝智行

夫婦ふたりで、個人庭を専門に、農薬を使わない病虫害対策を実践するなど、自然環境に配慮した庭づくりとメンテナンスを行なっている。本物の素材を生かし、安全で使いやすい庭、バリアフリーガーデン、自然の恵みを利用した循環型の庭づくりなどを地域のなかで提案・実践している。

2005年、「NPO法人日本オーガニック・ガーデン協会（JOGA）」（http://www.joga.jp）を設立。代表理事と理事を務める。庭からの環境保護という考えを広めていくため、オーガニックスプレー（自然農薬）のつくり方や庭の小さな生態系の大切さを伝えようと、講演会の講師を務めたり、雑誌や新聞などに記事を執筆している。

おもな著書に『オーガニック・ガーデンのすすめ』（創森社）、『オーガニック・ガーデン・ブック』『無農薬で庭づくり』『虫といっしょに庭づくり』『二十四節気で楽しむ庭仕事』『オーガニック植木屋の庭づくり』（築地書館）。

http://hikichigarden.com

曳地トシ（ひきち・とし）

1958年、神奈川県真鶴町生まれ。植木屋のおかみ業にあきたらず、「高いところ・泥汚れ・虫」が三大苦にもかかわらず、無謀にも現場に出て現在に至る。『虫といっしょに庭づくり』の読者の方からの声で、本書を書くことに。雑草は知れば知るほど面白い。ますます庭仕事のほんとうの愉しさにはまっている。

曳地義治（ひきち・よしはる）

1956年、東京都立川市生まれ。子どものころは暇さえあれば、鉛筆で広告の裏に絵を描いていた。昔からデザイン関係の仕事に関心をもっていたが、木工業、ログビルダーなどを経て、植木職人となる。㈶日本生態系協会・ビオトープ施工管理士２級。土木施工管理技士２級。

雑草と楽しむ庭づくり

オーガニック・ガーデン・ハンドブック

2011年6月15日　初版発行
2024年7月5日　20刷発行

著者　ひきちガーデンサービス（曳地トシ＋曳地義治）
発行者　土井二郎
発行所　築地書館株式会社
〒104-0045
東京都中央区築地7-4-4-201
☎03-3542-3731　FAX 03-3541-5799
http://www.tsukiji-shokan.co.jp/
振替00110-5-19057
印刷製本　シナノ印刷株式会社
装丁
本文デザイン　田中明美

 ISBN978-4-8067-1424-8

庭づくりの本

オーガニック植木屋の庭づくり
暮らしが広がるガーデンデザイン

ひきちガーデンサービス（曳地トシ＋曳地義治）［著］
2000円＋税

庭を使いやすく・自然の力を活かして・つながりをつくる！
庭で実現するオーガニックな生き方。

無農薬・無化学肥料で暮らしと自然をつなぐ庭をつくる
オーガニック植木屋が教える、あると便利な庭の設備、
庭をもっと楽しむコツ、「いざというとき」への庭での備え。
ベランダや小さなスペースでのガーデニングから
地域をつなぐコミュニティ・ガーデンまで、
庭がもっと輝く自然とのつきあい方を提案する。

二十四節気で楽しむ庭仕事

ひきちガーデンサービス（曳地トシ＋曳地義治）［著］
1800円＋税

季語を通して見ると、庭仕事の楽しみ百万倍。
めぐる季節のなかで刻々変化する身近な自然を、
オーガニック植木屋が俳句で描く。
十七音を通して見ると、これまで見慣れていた庭の生きもの、
庭仕事、暮らし、自然が、新たな輝きをもって現われてくる。

豊かで奥深い庭仕事、庭という小宇宙を再発見し、
その楽しさを伝えたい——。
庭先の小さないのちが紡ぎだす世界へと読者を誘う。

野の花さんぽ図鑑

長谷川哲雄［著］
2400 円＋税

植物画の第一人者が、花、葉、タネ、根、季節ごとの姿、名前の由来から花に訪れる昆虫の世界まで、野の花 370 余種を、花に訪れる昆虫 88 種とともに二十四節気で解説。

写真では表現できない野の花の表情を、美しい植物画で紹介。

巻末には、植物画特別講座付き。

野の花さんぽ図鑑 木の実と紅葉

長谷川哲雄［著］
2000 円＋税

前作では描ききれなかった樹木を中心に、秋から初春までの植物の姿を、繊細で美しい植物画で紹介。250 種以上の植物に加え、読者からのリクエストが多かった野鳥も収録！

モミジとカエデはどう違う？ 松ぼっくりの開閉運動、スギとヒノキの見分け方など、コラムも充実。

森のさんぽ図鑑

長谷川哲雄［著］
2400 円＋税

普段、間近で観察することがなかなかできない、木々の芽吹きや花の様子がオールカラーの美しい植物画で楽しめる。
231 種に及ぶ新芽、花、実、葉の様子から食べられる木の芽の解説まで、身近な木々の意外な魅力、新たな発見が満載で、植物への造詣も深まる、大人のための図鑑。